鱼老师法学写作课堂

赵海乐
（爬树鱼）　著

北京大学出版社
PEKING UNIVERSITY PRESS

图书在版编目(CIP)数据

鱼老师法学写作课堂 / 赵海乐著. —北京：北京大学出版社，2023.7
ISBN 978-7-301-34041-7

Ⅰ. ①鱼… Ⅱ. ①赵… Ⅲ. ①法学—论文—写作 Ⅳ. ①H152.2

中国国家版本馆 CIP 数据核字(2023)第 101042 号

书　　　名	鱼老师法学写作课堂 YU LAOSHI FAXUE XIEZUO KETANG
著作责任者	赵海乐　著
责 任 编 辑	林婉婷　方尔琦
标 准 书 号	ISBN 978-7-301-34041-7
出 版 发 行	北京大学出版社
地　　　址	北京市海淀区成府路 205 号　100871
网　　　址	http://www.pup.cn　http://www.yandayuanzhao.com
电 子 信 箱	yandayuanzhao@163.com
新 浪 微 博	@北京大学出版社　@北大出版社燕大元照法律图书
电　　　话	邮购部 010-62752015　发行部 010-62750672 编辑部 010-62117788
印　刷　者	涿州市星河印刷有限公司
经　销　者	新华书店
	880 毫米×1230 毫米　32 开本　9.375 印张　194 千字 2023 年 7 月第 1 版　2023 年 7 月第 1 次印刷
定　　　价	58.00 元

未经许可，不得以任何方式复制或抄袭本书之部分或全部内容。
版权所有，侵权必究
举报电话：010-62752024　电子信箱：fd@pup.pku.edu.cn
图书如有印装质量问题，请与出版部联系，电话：010-62756370

写在前面的话

介绍本书之前，首先想问大家："一篇论文究竟是怎样诞生的"，这个问题你究竟有没有好奇过？对此，我的答案是：一直很好奇，从来没见过。我只在期刊上见过已经发表的论文，但从未亲眼见过一篇论文从无到有的全过程。即便是在读博时，我和师兄在同一间办公室，我也从未围观过师兄论文的写作全过程，只见过师兄为写论文而衣带渐窄（我没写错！）、白发增多。所以，推己及人，我认为，应该会有相当一部分刚刚走上科研之路的小朋友对论文写作全流程比较好奇，很想知道："别人的论文是怎么写的？"

这，就是本文的灵感来源。在我正式走入科研之路（2008年，博士一年级）的第14个年头，回忆一篇已发表论文[①]的写作全流程，并把它记录下来，以满足更多小朋友们的好奇心。同时，如果这个过程能够传授一些论文写作的基础知识则更妙。

---

① 此篇论文为：赵海乐. 当权利面对市场：算法价格歧视的法律规制研究[J]. 华中科技大学学报（社会科学版），2021，35(03)：99—106.

事实上，这也是本书写作的最主要目的：我想做一个尝试，能不能通过书面复刻论文写作的全流程，帮助小朋友们从中学会写作方法？

这个过程，如果说是在传统课堂教学当中，我的答案是"能"。原因很简单：我试过。从 2019 年到 2022 年，我曾以一年级法学、法律硕士研究生和部分一年级博士生为受众，连续开设了三期论文写作班，以"每周解决一个问题"的形式带领小朋友们从无到有建构一篇论文。在每年的开班第一天，我都会和同学们讲："写论文很简单，有手就行。我保证在八周过后，每位同学都会拥有一篇五千字以上的论文。"而在每年结课时，多数同学拥有的都是一篇一万字左右的论文。在这个过程当中，理论上，我们只写了一篇论文；但实际上，我们练习的是一个方法。至少，就我自己的学生而言，当他们进行到毕业论文写作阶段，遇到"瓶颈"时，我只须提醒他们：回忆一下写作班上的"案例整理"课！当时我们是怎么处理此问题的？学生的反应通常会是：哦！对！好！老师再见！

那么，在无法进行"一对一"互动的情况下，我可以通过任务式教学，教会更多的读者朋友们写作方法吗？我认为，也可以。但具体方式，必然不能使用"面目可憎"的产品说明书式教学方法，如"什么是收集资料？""我该去哪里收集资料？"在高度信息化的今天，这些知识倒是不难获得。但据我对学生的观察，"说明书"一方面难以理解，很容易让学生产生"眼睛会了手不会"的挫败感，另一方面学生根本记不住！如果不让他们动手操作一番，哪怕是上午刚刚讲过的东西，学生下午也会忘掉。当然，不仅仅学生如此，我自己也是如此。看过一遍菜谱再去做菜，很可能架上锅子就想不起来：西红柿炒蛋，是先放西红柿还是先放蛋？所以，"看过就忘"绝不是学生的错，而是教育方法不当。正是基于此，这本书的设计，将采用一种"苏格拉底式"或者"论语式"教学方法——全书以问答形式呈现。本书当中共有四个虚拟人物。

鱼老师（我），其基本情况完全模拟我自己：本硕博均为法学专业毕业，目前拥有十年工作经验与十四年论文写作经验。至于为何使用"鱼老师"这一称呼，原因在于我在互联网上的另一个马甲是"女教授跟生活的死磕"公众号作者之一，笔名爬树鱼。

珊瑚，女，法学本科，国际法学一年级研究生。珊瑚同学由于已经接受了四年的法学本科教育，且至少撰写过本科毕业论文，因此，拥有一定程度的法律检索与案例研究常识。珊瑚同学的知识水准设计，应当是与本书大多数读者朋友基本相同的。珊瑚同学也会迷糊、也会犯错误，但多数情况下还是靠谱、细致且积极进取的。

龙虾，男，英语本科，法律硕士（非法学）一年级研究生。此教育背景的设定，是由于法律硕士群体同样是法学研究方法的重要受众。法律硕士同学同样须撰写三万字以上的毕业论文，但由于基础知识与法学教育相对较为缺乏，因而很可能缺乏一系列常识。因此，本书安排这一人物出场，意在通过龙虾同学的提问，揭示一些写作基础知识。也请读者朋友们不要嘲笑龙虾同学，毕竟，谁没有个从零开始的时候呢！

海葵，女，法学本硕，国际法学一年级博士生。海葵同学在本书当中被设计为"已有过论文写作和发表经验"的高段位小朋友。她也会在书中与大家分享论文写作的经验与教训。

至于为什么本书的虚拟人物是四人，这纯属巧合，与《西游记》没任何联系，我保证！至少，我否认自己像唐僧一样唠叨！

最后，介绍一下本书的使用方法：

第一，由于本书介绍的是"一篇论文的诞生"，因此，顺序问题十分重要。请读者朋友们尽量按章节顺序阅读，否则很可能无法理解章节当中描述的问题。

第二，本书中会大量出现"鱼老师"为其学生布置的作业。读者朋友们如果有时间且有兴趣，不妨在看到书中出现"作业框"时暂时不要往下读，停下来，自己动手去做一做。反正，只要你做完，下一章肯定会出现"鱼老师和三个徒弟对答案"的场面。只有真正动手去做，你才能体会到珊瑚同学的纠结与龙虾同学的迷茫。换言之，本书与其说是一本"论文写作指导"，不如说是一本"互动式论文写作习题集"。其用法跟大家高中时无比痛恨的数学练习册差不多。我保证，只要你动手去做，收获肯定比"只看习题讲解"要大！

第三，本书当中，珊瑚同学还有一个职能：做笔记。即在每章末尾，鱼老师都会要求珊瑚同学将本节课笔记发到师门群里。读者朋友们完全可以对照笔记复习一下本章提及的知识。通常来讲，能够完全看懂笔记说的是啥，就足以证明你已经吃透了本章内容啦。

第四，本书结构设计完全遵从教育学原理——知识的重复出现有助于记忆。因此，不仅在每一章当中会出现同一个方法的反复练习，而且，在不同章节当中，鱼老师也会时不时地带领三位徒弟复习此前讲过的知识点。这实际也是我在真正的课堂教学当中反复适用且屡试不爽的一种教学方式。所以，如果大家在某一章节看到前文曾论及的技巧并且能认出来此种技巧，请笑一笑！这说明你此前读书入脑啦。

——说明：本书虽然形式很不正经，但其中对于法学问题的探索是极为正经的。其中出现的所有事件均源于公开新闻，作者并未杜撰；所有法律条文均来自政府官方网站；全部案例均有明确引证与出处。且，书中全部英文资料也均来源于欧盟、美国有据可查的官方网站。此书当中素材唯一可能不准确之处在于，由于法学这一学科本身高度的时效性，本书出版后，其中所提及的法律可能会被修订、所讨论的法律问题可能已有全新的解决方案。如此种情形真的发生，还请读者朋友批判性阅读。

最后，本人郑重声明：正如我导师在我读书时教导过我的，"文无定法"。写论文当然不止本书当中论及的一种方法。我介绍的，仅仅是我自己认为正确且比较擅长的一种方法。并不代表除本书之外并无其他更加优秀、高效、便捷的方法。我非常期待能够看到读者朋友们在学术之路上汲取百家之长，甚至独创更加科学的研究方法，为自己的学术人生增光添彩！

赵海乐

2022 年 12 月 20 日

目 录

第一周　选个有意思的题目 ………………………………… 001

第二周　整理法律 ……………………………………………… 009
　第一幕　搜索法条 …………………………………………… 009
　第二幕　法律整理 …………………………………………… 021
　第三幕　法条阐释 …………………………………………… 027

第三周　整理判例 ……………………………………………… 039
　第一幕　研究判例的重要意义 …………………………… 039
　第二幕　案例研究方法综述 ……………………………… 042
　第三幕　个案研究（一） …………………………………… 044
　第四幕　个案研究（二） …………………………………… 054
　第五幕　一起不知道相不相关的案例 …………………… 061
　第六幕　关于"价格歧视"的两起案例 ………………… 062
　第七幕　总结 ………………………………………………… 083

第四周　文献回顾与综述 …… 088
第一幕　我们为什么要进行文献综述？…… 088
第二幕　文献整理技巧：如何做笔记？…… 090
第三幕　文献阅读技巧：沿着你的主题阅读与整理 … 098

第五周　比较法研究 …… 110
第一幕　基调：借鉴思路而非方法 …… 110
第二幕　手段：一手资料研究 …… 114
第三幕　例一：欧盟法研究 …… 117
第四幕　例二："从无到有"的美国法研究 …… 143
第五幕　美欧比较 …… 150
第六幕　小结 …… 155

第六周　论文思路整理 …… 159
第一幕　整理思路的方法 …… 159
第二幕　论文逻辑思路 …… 162
第三幕　论文撰写思路 …… 170
第四幕　论文"结论"部分的推演 …… 182

第七周　论文开头的写作 …… 191
第一幕　开头的功能 …… 191
第二幕　第一句话定义主题 …… 193
第三幕　第二句话提出问题 …… 198
第四幕　第三句话"重要性" …… 202

第五幕　第四句话全文思路介绍 …………………… 204

第八周　论文正文写作 ………………………………… 206
　　第一幕　导入段 …………………………………… 206
　　第二幕　阐释案例 ………………………………… 211
　　第三幕　分析段的写作 …………………………… 216
　　第四幕　夹叙夹议的写作方法 …………………… 219
　　第五幕　比较法部分的写法 ……………………… 232
　　第六幕　比较法部分(二)外国法之间的比较 …… 240
　　第七幕　结论 ……………………………………… 246

第九周　标题、摘要写作 ……………………………… 250
　　第一幕　摘要写作 ………………………………… 250
　　第二幕　标题 ……………………………………… 255

附录一　鱼老师论文排版小课堂(windows 版) …… 265
　　第一幕　关于脚注的一些技巧 …………………… 265
　　第二幕　便利论文排版的一些技巧 ……………… 271

附录二　鱼老师资料管理小课堂 …………………… 278

后　记 ………………………………………………… 283

第一周
选个有意思的题目

鱼老师 同学们好，咱们的写作基础小课堂现在开课了。我们这门课的目标，是我带大家一步一步从无到有建构出一篇论文。或者，更加确切地讲，是带大家"复刻"一篇我已经写完且成功发表的论文。大家接下来看到的研究顺序，就是我自己当时写论文的顺序。

珊 瑚 老师，那么我未来可以仿照您的顺序写其他论文吗？

鱼老师 当然能啊。"方法"这东西不挑题材！

龙 虾 老师，您都写了十来年论文了，我可是今年第一年正式学法学。您写论文的流程我们能照搬吗？

鱼老师 能！"方法"这东西也不挑年龄。更何况，此次介绍的方法超级简单，简称"有手就行"。

龙 虾 耶！

鱼老师 那好，咱们言归正传，今天我们来进行写论文的第一步。你们猜是啥？

海　葵　选题？

鱼老师　对！我记得你硕士阶段发表过小论文，那么你来谈谈，"选题"这一步需要做什么？

海　葵　我觉得，"选题"最重要的是，找到一个值得写的东西。至于什么值得写，我从前也跟同学们交流过。有的同学说，"值得写"是有理论价值；有的同学说，"值得写"是新鲜、从前没人写过；还有的同学说，"值得写"是这个问题对中国很重要，不是距离中国十万八千里的题目。

鱼老师　那么，你认为呢？

海　葵　老师，我理论功底不咋地，所以，有理论价值的题目不适合我。这种题目撞到我面前，我都认不出来。也许龙虾师弟可以试试，我记得他很喜欢看理论书籍。

鱼老师　没事儿，"好题目"不一定有高深的理论价值。至少对于硕士生、博士生而言，不必有高深的理论价值。当然，如果你想要挑战下在《中国社会科学》上发论文，那理论价值必不可少。你继续谈，你觉得"值得写"的题目是啥样的？

海　葵　我其实没想着抽象出来"值得写的题目的五个特征"。我自己当初写论文的时候就想着，"这题目有意思，我要研究"！至于为啥有意思，我是觉得，"这个现象很让人费解，我得整明白它是怎么一回事儿"。打个比方，两只白羊生了一只白色羊羔，我觉得没啥。但如果我发现两只白羊生了一只黑色羊羔，我就觉得很有意思了！

龙　虾　师姐，我觉得你有潜力成为孟德尔。

海　葵　老师，你说我理解的对不？

鱼老师　非常好，能看出来你从前写过论文！事实上，你提出的这个思路，也是我自己绝大多数论文选题的方式。积极一点说，就是我要写一个"我感兴趣的"；消极一点说，就是我要写一个"我看不明白咋回事但对此有所怀疑的"。咱们这回要写的论文，正是这么一个题目。大家都听说过"大数据杀熟"这个词没有？

珊瑚 & 龙虾 & 海葵　听过！

鱼老师　你觉得这事儿合法不？

珊　瑚　嗯，不合法？听这名字就像"不合法"。

龙　虾　不一定。我不知道它合不合法，但我知道，这事儿很普遍。比如前两天，我订外卖时配送费就比我室友平白无故多了五毛钱。

鱼老师　好，接下来给你们一个任务，每位同学去网上搜一个"大数据杀熟"的案例，然后跟我讲讲，这事儿后来咋解决的。

珊瑚 & 龙虾 & 海葵　好！

（30分钟后）

鱼老师　咋样，有结果了没？

珊　瑚　有！老师，我在网上搜到了一起某购物网站"会员价反倒比非会员价更贵"的案例。新闻讲了，同样一盒牛奶，会员价3元，非会员价才2.8元。这是"大数据杀熟"对吧？

鱼老师　是。那么，处理结果呢？消费者有没有获得补偿？

珊　瑚　嗯，好像没有。商家的解释是，消费者是先后用两个账号下单，中间相差了14分钟，所以价格波动很正常。

鱼老师　这个解释你相信吗？

珊　瑚　不信啊！因为新闻还说了，消费者王先生不服气，找了个朋友在12点整和自己同时下单。结果呢，这个朋友的非会员价就是比自己的会员价便宜！

鱼老师　好！那么，这是"个案"吗？龙虾，你有没有找到类似的案例？

龙　虾　有。我找的是餐饮外卖的案例，和我刚才说的、我自己经历的那件事儿差不多。商家的解释也是，会员配送费更高是因为会员下单时间是"高峰期"，但非会员在一分钟之后下单就不是"高峰"了。我也不信！

海　葵　老师,我也找到了一个案子。和珊瑚的有点儿像,不过电商的解释是"非会员有'新人促销价',只限新用户才能享受"。

鱼老师　好,那么咱们继续分析一下,上述现象,电商一方有没有受到处罚?

珊　瑚　没有!至少我没搜到。仅有的新闻,至多是客服同意把多收的几毛钱补偿给消费者,还是返还代金券,不是现金。市场监督管理局并没有处罚电商。

海　葵　老师,我倒是看到一个新闻,浙江绍兴某法院判决电商一方"退一赔三"了。网上说,这是"大数据杀熟第一案"。但是,我对此略微有点儿怀疑。

珊　瑚　师姐,你怀疑啥?你是觉得这算"孤证"吗?或者说,只有这么一起案子?

海　葵　不是。是判决理由让我相当怀疑。我粗略扫了一眼,整个判决内容都没有一句话在讲"大数据杀熟违法"。

鱼老师　两位同学说得都非常好!你们俩分别提到了学术研究的两个重要因素:其一,不要揪着"个案"说事儿。如果某问题只有一起案例肯定了你的观点,那么,你绝对要怀疑一下,是因为问题太新了,还是因为这一起案例判决有问题?其二,看判决要看全文,不要只看"原告胜诉"还是"原告败诉"。咱们法律人,最需要的就是"有据可查",简称"说话加脚注"。海葵

	同学说的这个案子，咱们后续还会再谈到。那么，大家再来分析一下，你们觉得刚才找到的三个案例，到底属不属于"值得写"的问题？
龙　虾	属于！我原以为市场监督管理局一定会在消费者投诉之后处罚电商的。我当时没举报那个外卖平台就是因为五毛钱数额太小。但我没想到，这个现象居然"不违法"？
珊　瑚	同意，我也很惊讶。
鱼老师	好，那么，谁来用一句话概括一下，咱们从三个例子当中可以提炼出一个什么问题？
珊　瑚	我来试试。"大数据杀熟到底违不违法？"
鱼老师	海葵，你说说，提炼的这个问题好不好？
海　葵	我觉得，可以，但还能更进一步，"大数据杀熟为什么犯众怒但不违法？"
鱼老师	哈，你多加了一个因素——犯众怒。这个因素是你从哪儿提炼的？
海　葵	从龙虾师弟那儿啊。他现在还在耿耿于怀五毛钱呢。——不开玩笑，实际上，新闻当中有提到啊，比如消费者对此很不满意，会反复借用朋友手机试验究竟存不存在"大数据杀熟"。而且此类事件一再发生，所以我将其描述为"犯众怒"是没问题的。
鱼老师	很好。那么，你继续讲，为什么要加进去这个因素？

海　葵　因为我觉得，一方面，从我自己而言，我感兴趣的不仅仅是"大数据杀熟"违不违法，而是情理和法理的冲突，即老百姓觉得这不对但市场监督管理局不管。我记得朱苏力老师在写一篇关于"秋菊打官司"的论文时就曾提到过情与法的冲突。这应该是一个永恒的法理学话题对吧？

鱼老师　非常好！这就是"好题目要有理论性"的具体体现啦。那么，"另一方面呢？"

龙　虾　老师，我来猜猜。师姐是不是想说，论文题目要有话题性，抓人眼球？

海　葵　是。不过，我可没"标题党"！

鱼老师　没，这不算标题党。"抓杂志编辑眼球"是个常规玩法。那么，我们现在就从实例当中抽象出来一个值得写的论文题目啦！来，珊瑚，你来给我们最后概括下：我们今天讨论了什么问题？

珊　瑚　好的，老师。这是我的笔记，我分享到咱们师门群啦！

鱼老师　好，那么我们今天就到这里，下周同一时间再见。本周给大家留个作业：你们上网去搜一搜，中国究竟有没有关于"大数据杀熟"是否违法的法律法规？

珊瑚 & 龙虾 & 海葵　好的！

第一周

1. 宗旨：选一个"值得写"的题目，具体判断标准——"有意思"。

2. 操作方式：从实例当中抽象出"冲突"（只是方法之一哦，不必然从"实例"入手）。

3. Tip：读案例不要只关注胜诉败诉，法官的判决理由对学术研究而言更重要。

珊瑚同学的课堂笔记

第二周
整理法律

/ 第一幕　搜索法条 /

鱼老师　同学们好,还记得上周我们布置了什么作业吗?

珊　瑚　记得啊!您让我们整理与"大数据杀熟"相关的中国法律规定。

鱼老师　好,那么,咱们先来讨论一下,究竟应该从哪里找到相关法律?

珊　瑚　北大法宝!那里面有一个"法律法规"板块,点进去就可以搜索法律,可全了!

鱼老师　那么,你是用什么关键词搜索的啊?

龙　虾　对对对,用啥关键词?我把"大数据杀熟"这几个字敲进去,结果,一个法条都没找到!

珊　瑚　哈,那是因为"大数据杀熟"这几个字根本就没出现在法律当中啊！咱们搜索法条，可不能用新闻用语，得用专业的法言法语。

龙　虾　嗯，可是，我也不知道"大数据杀熟"对应的法律专业术语是什么啊？总不至于来问老师吧？我怕老师会骂我！

鱼老师　放心，我一定会骂你的。因为这个问题本身其实就有现成的解决方法。海葵，你来说说，这个解决方法应该是什么？

海　葵　我一般会把这个不太专业的词汇敲进中国知网，然后就会跳出来一堆包含这个词汇的论文。从这些论文里，我很容易就能发现对应的专业术语是什么。珊瑚，你是不是也是这么做的？

珊　瑚　嗯，还真不是。我嫌知网麻烦，直接"百度"的。

龙　虾　啥？你去问百度，"大数据杀熟"涉及什么法律问题？

珊　瑚　才不是！我搜了这个关键词，然后围观了一下比较专业的媒体是怎么报道的。不是纯新闻类媒体，是例如某律所公众号等专业人士撰写的。

鱼老师　好，那么你搜索的究竟是什么关键词？

珊　瑚　算法价格歧视！其中，"算法"对应的是"大数据"，"价格歧视"对应的是"杀熟"。

鱼老师　好！你用这个关键词真的搜索到法条了吗？

珊　瑚　　没有。这个关键词是我对这个问题的定性,但法律当中真没规定这事儿啊!不过,这种现象其实挺常见的,我写本科论文时已经习惯了。举个例子,我学年论文写的是"想象竞合",但刑法当中就没这四个字儿。所以,这次搜索时,我想,"算法"二字也许不会包含在法条里;但"算法价格歧视"这个词的核心在于"价格"。所以,我觉得,与此相关的规定,一定会围绕价格展开。于是,我就去搜了搜《电子商务法》。毕竟,"电子商务"一词与"算法"十分契合。

鱼老师　　好的,你找到什么了?

珊　瑚　　我本来想援引《电子商务法》第 35 条,这一条里面也确实包括"价格"两个字。但后来发现不是十分适合。

> **《电子商务法》第 35 条**　　电子商务平台经营者不得利用服务协议、交易规则以及技术等手段,对平台内经营者在平台内的交易、交易价格以及与其他经营者的交易等进行不合理限制或者附加不合理条件,或者向平台内经营者收取不合理费用。

不过,问题在于,此条规定的是,电子商务平台经营者不得对平台内经营者的交易价格进行不合理限制。用白话讲就是,平台不能要求平台上面的商家用啥价格卖货!这跟咱们说的算法价格歧视不是一回事儿啊。咱们说的是商家歧视消费者。

后来，我又发现，《电子商务法》当中，第 18 条第 1 款反倒与算法价格歧视更加相关。这款内容是：

电子商务经营者根据消费者的兴趣爱好、消费习惯等特征向其提供商品或者服务的搜索结果的，应当同时向该消费者提供不针对其个人特征的选项，尊重和平等保护消费者合法权益。

龙　虾　珊瑚，你是怎么发现这个法条的？毕竟，其中并没有"算法价格歧视"当中的任何一个字啊？

珊　瑚　哈，但这其中有"平等"字样啊，也有"消费者"字样。刚才我说到，咱们说的是"商家歧视消费者"，那么，这就给了我一个灵感：《电子商务法》当中会不会有对消费者的特别保护呢？恰好消费者这个词也是个法律术语。于是我就搜索了一下。这一条，我觉得与算法价格歧视直接相关的内容是，电子商务经营者向消费者提供搜索结果，还是根据消费者的特征提供。这看上去就超级像"价格歧视"！我举个例子，如果一名消费者经常在某电商平台购买高档、进口食品，比如 99 元一盒的巧克力，那么，电商完全可能选择不给这名消费者提供满 100 元减 5 元的优惠券。毕竟，这名消费者对价格相对不敏感。所以，这个法条无疑是与咱们分析的内容直接相关的，尽管法条本身对此的描述可能不那么直接。

鱼老师　珊瑚说得很对！法条搜索可不等于关键词搜索。珊瑚你能搜到这个法条并理解它的含义真了不起！

珊　瑚　嗯，老师，我坦白，其实，我是在刚才说过的"讨论'大数据杀熟'的专业论述"当中看到这个条款的，这还真不完全是我自己的功劳。

鱼老师　没关系啊，善于利用资料也是一种能力！而且，引用对方也曾引用的法条，这不算剽窃。那么，龙虾，你有找到能用的法条吗？

龙　虾　有的。我搜索了《消费者权益保护法》，其中有这么两条：

第8条　消费者享有知悉其购买、使用的商品或者接受的服务的真实情况的权利。

消费者有权根据商品或者服务的不同情况，要求经营者提供商品的价格、产地、生产者、用途、性能、规格、等级、主要成份、生产日期、有效期限、检验合格证明、使用方法说明书、售后服务，或者服务的内容、规格、费用等有关情况。

第10条　消费者享有公平交易的权利。

消费者在购买商品或者接受服务时，有权获得质量保障、价格合理、计量正确等公平交易条件，有权拒绝经营者的强制交易行为。

不过，我觉得这两个法条的规定对此也不是十分好用。第 8 条规定了消费者有权要求经营者提供价格，但哪怕是在"大数据杀熟"问题上，消费者总不可能不知道商品价格。消费者不满的是，这个"价格"居然比别人的高。

然后，我又分析了一下第 10 条。其中提到了"价格合理"。但问题在于，"歧视性定价"究竟算不算不合理？

鱼老师 你觉得算不算？靠常识回答我就行。

龙　虾 我其实很矛盾。"看人下菜碟"这事儿的确很可恶，但是，咱们都是法律人，至少民法上的"不合理"，应该是指诸如"成本 10 元的水杯被无良保健品商家以 1000 元高价卖给老大爷"这种"非常不合理"的情况吧？不仅如此，我觉得，差别定价这事儿其实也不仅仅是电商才有。我读大学之后只要出去买菜，我妈都说我买贵了。还说卖菜的欺负我看上去就没买过菜，1 斤西红柿都敢要我 5 块钱。我去的可是菜市场啊，年龄比我都大的菜市场！我奶奶说她年轻时还在那儿卖过菜。所以，我对于《消费者权益保护法》第 10 条"价格合理"这个问题目前很难判断。

鱼老师 好，这个问题咱们暂时搁置。你还找到了其他法条吗？

龙　虾 嘿嘿，找到了。

《个人信息保护法》第 24 条　个人信息处理者利用个

人信息进行自动化决策，应当保证决策的透明度和结果公平、公正，不得对个人在交易价格等交易条件上实行不合理的差别待遇。

通过自动化决策方式向个人进行信息推送、商业营销，应当同时提供不针对其个人特征的选项，或者向个人提供便捷的拒绝方式。

通过自动化决策方式作出对个人权益有重大影响的决定，个人有权要求个人信息处理者予以说明，并有权拒绝个人信息处理者仅通过自动化决策的方式作出决定。

珊瑚　哇，你太厉害了！你是怎么找到这个的？

龙虾　其实，和你的渠道差不太多。我从别人的论文里看到引用了这个法条。那篇论文当中讲了，电商用大数据判断如何定价，这个过程就是自动化决策。所以，《个人信息保护法》对自动化决策的规定，其实就是用来规制算法的。我理解，这个法条用于处理算法价格歧视问题，较之于之前的 N 个法条有如下优越之处：

其一，"自动化决策"这个词与"算法"和"大数据"相互呼应。

其二，第 24 条第 1 款当中规定了"结果公平、公正"，不得对个人在交易价格等交易条件上实行不合理的差别待遇。其中明确提及"价格"，还提到"差别待遇"。这不就是为价格歧视问题量身定制的么？

其三，第 24 条第 2 款还规定，"应当同时提供不针对其个人特征的选项"。这很可能意味着"看人下菜碟"是不对的。

鱼老师 说得好！能够从法条当中看出来这么多内容，可见你用心了。海葵，接下来轮到你了，你还找到什么法条吗？

海　葵 有！不过，我先说句题外话，我在法律检索时，实际上碰到了和珊瑚提到的非常类似的一系列规定：《价格法》。

第 14 条 经营者不得有下列不正当价格行为：

(一)相互串通，操纵市场价格，损害其他经营者或者消费者的合法权益；

(二)在依法降价处理鲜活商品、季节性商品、积压商品等商品外，为了排挤竞争对手或者独占市场，以低于成本的价格倾销，扰乱正常的生产经营秩序，损害国家利益或者其他经营者的合法权益；

(三)捏造、散布涨价信息，哄抬价格，推动商品价格过高上涨的；

(四)利用虚假的或者使人误解的价格手段，诱骗消费者或者其他经营者与其进行交易；

（五）提供相同商品或者服务，对具有同等交易条件的其他经营者实行价格歧视；

（六）采取抬高等级或者压低等级等手段收购、销售商品或者提供服务，变相提高或者压低价格；

（七）违反法律、法规的规定牟取暴利；

（八）法律、行政法规禁止的其他不正当价格行为。

不过，思考过后，我排除了这个法条的直接相关性。原因是：第14条第5项是针对"其他经营者"而言的，即一个经营者不能对其他条件相同的经营者实行价格歧视。但其中没有规定能否对消费者进行价格歧视。

鱼老师 我插播个问题哈，你觉得《价格法》第14条允不允许对消费者进行价格歧视？

海　葵 嗯，允许？因为，如果不允许的话，第14条第5项为啥不直接写成"对……其他经营者和消费者"？毕竟，第14条第1项当中就有"消费者"字样，这就意味着《价格法》完全可以规制商家和消费者之间形成的法律关系。不仅如此，第14条第4项当中还真的有"消费者或者其他经营者"字样，这就足以反证。第5项当中的"价格歧视"只针对经营者而不针对消费者，足以表明这是个有意的安排而非立法疏漏。

鱼老师　说得有道理,继续,第 14 条还有啥问题?

海　葵　第 14 条第 4 项也有问题。其中提到"虚假的或者使人误解的价格手段",但我觉得这一项也很难适用。因为,所谓"使人误解的价格手段",应该是"挂羊头卖狗肉"这种情况。比如,标价 10 元但实际上是"10 元 100g"而非消费者通常理解的"10 元 500g"。而"虚假"显然又与价格歧视毫不沾边儿。价格倒是真的,只是不比别人获得的价格低。我注意到,上节课读过的新闻当中,不论是哪个电商都没承诺,"会员价"＝件件最低价!

鱼老师　你很敏锐。大家注意,刚才海葵分析问题时,运用了一种很重要的研究方法,你们猜猜是什么?

珊　瑚　我发现了!师姐提到法条时回顾了第一节课"大数据杀熟"新闻当中的细节,这算不算实证研究?

鱼老师　我觉得算。"在实例与法条之间穿梭"当然属于实证研究。珊瑚同学说得对,法条本身是抽象的,只有不断将其对照细节才能理解某些措辞含义究竟如何。对此,咱们在后续分析法律时还会继续阐明。海葵,你继续讲,你还发现了什么可能用得上的法律?

海　葵　有的。

《反垄断法》第 22 条　禁止具有市场支配地位的经营者从事下列滥用市场支配地位的行为:……

(六)没有正当理由,对条件相同的交易相对人在交易价格等交易条件上实行差别待遇;……

具有市场支配地位的经营者不得利用数据和算法、技术以及平台规则等从事前款规定的滥用市场支配地位的行为。

……

这个仅仅是"可能用得上",因为虽然其中明确提及了数据、算法、技术、平台等词汇,还提及了"价格"上的差别待遇,但这个条款的限制条件比《价格法》更加苛刻。这个条款不仅仅是适用于经营者和交易相对人之间,而且,经营者还必须是具有市场支配地位的。此外,假如存在正当理由,价格歧视理论上完全可能有正当性!

最后,我还发现了一个文件,但严格来讲不算"法律"。我在国家市场监督管理总局网站发现了这个:《价格违法行为行政处罚规定(修订征求意见稿)》。

这个相对要新一些,2021年7月才出台。

第5条【价格歧视】 经营者违反价格法第十四条第(五)项的规定,提供相同商品或者服务,对具有同等交易条件的其他经营者实行价格歧视的,责令改正,没收违法所得,并处违法所得5倍以下的罚款;没有违法所得的,给予警告,可以并处违法行为发生期间销售额 1% 以上 10% 以下的罚款;情节严重的,责令停业整顿,或者吊销营业执照。

第 8 条【价格欺诈】 经营者违反价格法第十四条第(四)项的规定,利用虚假的或者使人误解的价格手段,诱骗消费者或者其他经营者与其进行交易的,构成价格欺诈,责令改正,没收违法所得,并处违法所得 5 倍以下的罚款;没有违法所得的,给予警告,可以并处违法行为发生期间销售额 1% 以上 10% 以下的罚款;情节严重的,责令停业整顿,或者吊销营业执照。

第 13 条【新业态中的价格违法行为】 违反价格法第十四条规定,有下列情形之一的,给予警告,可以并处上一年度销售总额 1‰ 以上 5‰ 以下的罚款,有违法所得的,没收违法所得;情节严重的,责令停业整顿,或者吊销营业执照:

(一)电子商务平台经营者利用大数据分析、算法等技术手段,根据消费者或者其他经营者的偏好、交易习惯等特征,基于成本或正当营销策略之外的因素,对同一商品或服务在同等交易条件下设置不同价格的……

其中,前两条其实是对《价格法》第 14 条的补充规定,而且补充的仅仅是"法律责任"而非"责任构成"。所以问题不是很大。真正让我有些犹豫的是第 13 条，其中明确提及"大数据分析"和"算法"，并且，其中直接论及"同等交易条件下设置不同价格"。我认为，此处尤其需要注意的是"不同"一词，即价格歧视本身就是违法的！

鱼老师 那么，你又是如何发现这个征求意见稿的？

海　葵 嗯，我其实是在网上用算法价格歧视这个关键词搜索各种新闻时意外发现的。不过，直到咱们今天上课时为止，我还没发现这个征求意见稿得到通过的任何证据！所以，上述第 13 条在多大程度上能够具有约束力还不清楚。

鱼老师 好的，但出于科研目的，我们完全可以把这个尚未生效的征求意见稿纳入考量范畴。各位同学，你们还有需要补充的法律吗？

珊瑚 & 龙虾 & 海葵　没有了！

/ 第二幕　法律整理 /

鱼老师 那么我们进入今天的第二个环节：法律整理。珊瑚，麻烦你把咱们讨论的法条全都复制粘贴一份放到屏幕上。

珊 瑚 好的！

> 《电子商务法》第 18 条 电子商务经营者根据消费者的兴趣爱好、消费习惯等特征向其提供商品或者服务的搜索结果的，应当同时向该消费者提供不针对其个人特征的选项，尊重和平等保护消费者合法权益。
>
> ……
>
> 《消费者权益保护法》第 8 条 消费者享有知悉其购买、使用的商品或者接受的服务的真实情况的权利。
>
> 消费者有权根据商品或者服务的不同情况，要求经营者提供商品的价格、产地、生产者、用途、性能、规格、等级、主要成份、生产日期、有效期限、检验合格证明、使用方法说明书、售后服务，或者服务的内容、规格、费用等有关情况。
>
> 《消费者权益保护法》第 10 条 消费者享有公平交易的权利。
>
> 消费者在购买商品或者接受服务时，有权获得质量保障、价格合理、计量正确等公平交易条件，有权拒绝经营者的强制交易行为。
>
> 《个人信息保护法》第 24 条 个人信息处理者利用个人信息进行自动化决策，应当保证决策的透明度和结果公平、公正，不得对个人在交易价格等交易条件上实

行不合理的差别待遇。

通过自动化决策方式向个人进行信息推送、商业营销，应当同时提供不针对其个人特征的选项，或者向个人提供便捷的拒绝方式。

通过自动化决策方式作出对个人权益有重大影响的决定，个人有权要求个人信息处理者予以说明，并有权拒绝个人信息处理者仅通过自动化决策的方式作出决定。

《反垄断法》第 22 条　禁止具有市场支配地位的经营者从事下列滥用市场支配地位的行为：

……

(七)国务院反垄断执法机构认定的其他滥用市场支配地位的行为。

具有市场支配地位的经营者不得利用数据和算法、技术以及平台规则等从事前款规定的滥用市场支配地位的行为。

……

《价格法》第 14 条　经营者不得有下列不正当价格行为：

(一)相互串通，操纵市场价格，损害其他经营者或者消费者的合法权益；

(二)在依法降价处理鲜活商品、季节性商品、积压商品等商品外,为了排挤竞争对手或者独占市场,以低于成本的价格倾销,扰乱正常的生产经营秩序,损害国家利益或者其他经营者的合法权益;

(三)捏造、散布涨价信息,哄抬价格,推动商品价格过高上涨的;

(四)利用虚假的或者使人误解的价格手段,诱骗消费者或者其他经营者与其进行交易;

(五)提供相同商品或者服务,对具有同等交易条件的其他经营者实行价格歧视;

(六)采取抬高等级或者压低等级等手段收购、销售商品或者提供服务,变相提高或者压低价格;

(七)违反法律、法规的规定牟取暴利;

(八)法律、行政法规禁止的其他不正当价格行为。

《价格违法行为行政处罚规定(修订征求意见稿)》第13条【新业态中的价格违法行为】 违反价格法第十四条规定,有下列情形之一的,给予警告,可以并处上一年度销售总额1‰以上5‰以下的罚款,有违法所得的,没收违法所得;情节严重的,责令停业整顿,或者吊销营业执照:

(一)电子商务平台经营者利用大数据分析、算法等技术手段，根据消费者或者其他经营者的偏好、交易习惯等特征，基于成本或正当营销策略之外的因素，对同一商品或服务在同等交易条件下设置不同价格的；

……

鱼老师 龙虾，你似乎有问题要问？

龙　虾 是！老师，上面的若干法条，咱们不是已经讨论过与"大数据杀熟"无关了吗？比如上面好几个条款都是关于"经营者不得对其他经营者进行价格歧视"的，为什么珊瑚还是把它们整理过来了？

珊　瑚 因为法律检索这事儿，原本就不可能只检索"直接相关"的内容啊！如果有可能，咱们还是要交叉检索一下。"某某法律对于经营者之间的价格歧视进行了规定"这事儿或许和咱们要研究的主题无关。但是，我觉得，同一部法律只规定经营者之间的价格歧视，但对经营者对消费者价格歧视并没有规定，这很不对劲儿！消费者较之于经营者难道不应该获得更高等级的保护吗？这个法律为啥保护经营者却不保护消费者呢？

龙　虾 啊……我咋没想到这个！对哦。

鱼老师 珊瑚同学的思路非常正确。法律检索的思路一定要打开。不仅对你想要研究的问题有所关注，而且要对相关联的问题保持高度警惕性，就是兔子竖着耳朵听风吹草动那种警惕性。我自己读博的时候，我导师是这么教我的:"假设你去打酱油,路上发现在卖收音机,那么你完全可能在打酱油的同时买个便宜的收音机回来。"——别这么看我,你们师爷爷是"五零后",那年头收音机是奢侈品!话说回来,对于这种高度关联性条款(比如咱们这次检索发现的不同主体待遇差异问题),你完全可以先留个神,记下来。

龙　虾　老师,那么,此种"关联性问题"后面会有用吗?

鱼老师　真不一定!完全可能没用。至少在法律检索这个阶段,一切皆有可能。顺便说一句,你们最好习惯一件事儿:论文写作,从选题到最终动笔,其实这个过程特别像走迷宫。你会不断发现各种死胡同!直到碰完所有你能碰到的壁,你发现了通往出口的唯一那条路。

龙　虾　老师,有没有一种可能:这个迷宫没出口,所有的路都是死胡同?

鱼老师　有可能。你尤其有可能碰到这种迷宫。

龙　虾　哦。

鱼老师　开玩笑的。这种情况只会发生在一种场合:你选题有误,所选题目完全不能写。不过,我一定会好好看着你的,不让你选这种题目。

龙　虾　耶!

/ 第三幕　法条阐释 /

鱼老师　来，咱们继续分析上面的法条。刚才，我们已经对法律本身进行了逐一的分析。那么，现在，谁能成体系地阐述一遍我国法律的规定？

龙　虾　老师，咋阐述？

鱼老师　珊瑚，你会不？

珊　瑚　嗯，老师，我写本科论文那会儿把法条复制粘贴了一遍，相似性审查直接飙升到20%，吓死我了！后来，我的本科论文指导老师跟我说，不能直接复制过来，但可以把法条全文放在脚注里。正文当中对法条的引证应该是有技巧的，用自己的话阐述。

鱼老师　好，那么你来给龙虾同学示范一下？

珊　瑚　好。我直接写一小段吧？

我国《消费者权益保护法》对于消费者与价格相关权益主要进行了如下规定：该法律第8条当中界定了消费者的知情权，即消费者有权得知商品的价格。法律在此的要求是"真实"，即消费者有权获知商品的真实情况。

该法律第10条当中界定了消费者的公平交易权。具体到价格问题，消费者有权获得"合理"的价格。但其中对于何为"合理"并未明示。

鱼老师 龙虾，你发现"法条阐述"的技巧了吗？

龙　虾 我发现了！首先，第一句话是对法条的概括。比如，《消费者权益保护法》第 8 条原文是这样的：

> 消费者享有知悉其购买、使用的商品或者接受的服务的真实情况的权利。
>
> 消费者有权根据商品或者服务的不同情况，要求经营者提供商品的价格、产地、生产者、用途、性能、规格、等级、主要成份、生产日期、有效期限、检验合格证明、使用方法说明书、售后服务，或者服务的内容、规格、费用等有关情况。

但珊瑚直接用一句话"该法律第 8 条当中界定了消费者的知情权"对此加以概括，这就上升到了"法言法语"的层面了。

鱼老师 好，你发现了一个秘诀：主题句！如果你能有意识地在段首写主题句，那么，你的读者就能快速理解你接下来想要阐述的内容啦。

龙　虾 我还发现，珊瑚的第二句话不是直接对法律的复制，而是用自己的话转述了第 8 条的内容。这个"转述"的好处，是剔除了大量不相关的内容。比如，第

8 条原文当中提到了消费者有权要求经营者提供商品产地、生产者等一系列信息，但这些很显然与咱们要讨论的"大数据杀熟"没啥关联。真正有关的只有一点——"价格"。同理，对于第 8 条第 1 款，珊瑚也直接截取了其中"真实情况"四个字。这就有效避免了复制粘贴，而且，对法条进行概括后，重点突出多了。

同理，对于"公平交易权"，珊瑚同学的那一小段儿，也是首先有主题句；然后强调了"合理"这个要件。不过，我发现，这一小段多出来一个东西："对于何为'合理'并未明示。"我理解她为啥要写这句，毕竟咱们前面讨论到这个法条时就曾提到，"合理"这个词其实很模糊。但是，我的问题是，我们在概括法条时需要强调这一点吗？

海 葵　我觉得在目前的阶段，强不强调"合理"都成。但就算不写出来，我也会在"合理"这两个字上打个问号，以表明我对此有点儿疑问。

鱼老师　你俩说的都有道理！我们现在仍然是在论文构思阶段，可以把全部有疑虑的要点都标注出来，但最终写论文时是否强调这一点可以再斟酌。还记不记得咱们前面用"迷宫"打过的比方？写论文这事儿，完全可能在定稿时发现，你此前发现的很多要点实际上不一定会写进论文里。

龙　虾　好的！

鱼老师　龙虾，你学会了没？要不要请你接着往下概括？

龙　虾　我觉得我学废了！好，我试试。接下来我要收拾《电子商务法》和《个人信息保护法》。我觉得，这两部法律都是针对"算法"或者说"大数据"而言的，因此可以放一块儿阐述。

我先复制一份接下来要阐述的法条哈：

《电子商务法》第 18 条　电子商务经营者根据消费者的兴趣爱好、消费习惯等特征向其提供商品或者服务的搜索结果的，应当同时向该消费者提供不针对其个人特征的选项，尊重和平等保护消费者合法权益。

……

《个人信息保护法》第 24 条　个人信息处理者利用个人信息进行自动化决策，应当保证决策的透明度和结果公平、公正，不得对个人在交易价格等交易条件上实行不合理的差别待遇。

通过自动化决策方式向个人进行信息推送、商业营销，应当同时提供不针对其个人特征的选项，或者向个人提供便捷的拒绝方式。

通过自动化决策方式作出对个人权益有重大影响的决

定，个人有权要求个人信息处理者予以说明，并有权拒绝个人信息处理者仅通过自动化决策的方式作出决定。

鱼老师 不急，先告诉我第一步要干啥？

龙　虾 主题句，错不了！老师您看我这么写行不行？

如果说《消费者权益保护法》是基于"消费者"这一身份进行的保护，那么，《电子商务法》和《个人信息保护法》就是基于"算法"这一营销手段进行的规制。

鱼老师 非常好！你居然悄悄学会承上启下了！而且，你的概括句也很棒，至少提出了"基于算法的规制"这样一个主题。来，接着写？

龙　虾 好的。具体来讲，《电子商务法》一方面允许经营者基于消费者个人信息（如兴趣爱好、消费习惯）进行营销，但另一方面要求其必须提供"不针对其个人特征的选项"，即非个性化选项；而《个人信息保护法》则规定，"利用个人信息进行自动化决策"原则上应当保证"交易价格"不得实施"不合理的差别待遇"，且必须提供"不针对其个人特征的选项"。

鱼老师 海葵，你来看看？

海　葵 我觉得龙虾师弟模仿珊瑚模仿得相当不错，至少有效地避免了复制粘贴法条，而且，也精确地点出了法条上下句之间的关系。比如,对于《电子商务法》的描述,这个"一方面""另一方面"就很好地体现了法律的"允许但限制"的态度。

鱼老师 那么,你觉得龙虾的这段有啥需要修改的吗?

海　葵 有。我觉得,龙虾这段与珊瑚的还不大一样。珊瑚同学描写的是同一部法律的两项平行规定,所以不需要特别注重条款之间的关系。但是,龙虾同学这段,《电子商务法》和《个人信息保护法》明明是有重叠关系的。所以,写到第二部法律,其实就需要照应一下第一部法律。

龙　虾 我看看……哦,"不针对其个人特征的选项"的确重复了!好,我改。师姐你看这样行不行?

具体来讲,《电子商务法》一方面允许经营者基于消费者个人信息(如兴趣爱好、消费习惯)进行营销,但另一方面要求其必须提供"不针对其个人特征的选项",即非个性化选项。与之类似,《个人信息保护法》同样要求经营者"利用个人信息进行自动化决策"必须提供"不针对其个人特征的选项",但其中同时赋予经营者避免就交易价格实行"不合理的差别待遇"的义务。

海　葵 很好啊,这次就不仅避免了"重复",而且让人看出了递进关系。两部法律的规则清晰地呈现出"可以做"——"提供选项"——"避免交易价格存在不合理的差别待遇"这样一个递进关系。师弟棒棒哒!

鱼老师 龙虾同学,我多问一句哈,你在写上面这段的时候,为什么把《电子商务法》放在前面,《个人信息保护法》放在后面?

龙　虾 嗯,老师,这个顺序有关系吗?我单纯是由于《电子商务法》通过的时间更早。

鱼老师 有关!通常来讲,如果在一个主题句项下汇总多部法律,可能的思路包括,先写旧法再写新法。这样就可以在写新法律的时候顺便带出来新法之于旧法的差异。还有一种写法,就是先写原则性规定,再写对此的细化。这样写起来逻辑更通顺。你上面这一小段,完美暗合了上述两项!

龙　虾 嘿嘿,碰巧。

鱼老师 海葵,那么你收个尾,把余下几个法条也收拾了?

海　葵 好的。余下还有三个法条:

《反垄断法》第22条　禁止具有市场支配地位的经营者从事下列滥用市场支配地位的行为:

……

(六)没有正当理由,对条件相同的交易相对人在交易价格等交易条件上实行差别待遇。

具有市场支配地位的经营者不得利用数据和算法、技术以及平台规则等从事前款规定的滥用市场支配地位的行为。

……

《价格法》第 14 条　经营者不得有下列不正当价格行为：

(一)相互串通，操纵市场价格，损害其他经营者或者消费者的合法权益；

(二)在依法降价处理鲜活商品、季节性商品、积压商品等商品外，为了排挤竞争对手或者独占市场，以低于成本的价格倾销，扰乱正常的生产经营秩序，损害国家利益或者其他经营者的合法权益；

(三)捏造、散布涨价信息，哄抬价格，推动商品价格过高上涨的；

(四)利用虚假的或者使人误解的价格手段，诱骗消费者或者其他经营者与其进行交易；

(五)提供相同商品或者服务，对具有同等交易条件的其他经营者实行价格歧视；

(六)采取抬高等级或者压低等级等手段收购、销售商品或者提供服务，变相提高或者压低价格；

(七)违反法律、法规的规定牟取暴利；

(八)法律、行政法规禁止的其他不正当价格行为。

《价格违法行为行政处罚规定(修订征求意见稿)》第13条【新业态中的价格违法行为】 违反价格法第十四条规定,有下列情形之一的,给予警告,可以并处上一年度销售总额1‰以上5‰以下的罚款,有违法所得的,没收违法所得;情节严重的,责令停业整顿,或者吊销营业执照:

(一)电子商务平台经营者利用大数据分析、算法等技术手段,根据消费者或者其他经营者的偏好、交易习惯等特征,基于成本或正当营销策略之外的因素,对同一商品或服务在同等交易条件下设置不同价格的;

……

海 葵　这三个法条的概括,主题句可能不大好写。老师您看这样行不?

我国法律理论上存在对于价格歧视的直接规定,但耐人寻味的是,这些规定仅适用于经营者之间,并不适用于经营者与消费者之间。

鱼老师　没问题,继续。

海 葵　好的。

具体来讲,《价格法》第14条仅仅禁止经营者对具有同等交易条件的"其他经营者"实行价格歧视;而《反垄断法》第22条虽明确论及禁止算法价格歧视，但此义务也仅仅施加给了"具有市场支配地位的经营者"而非全部经营者，且此类经营者如有正当理由也可豁免此规定。

老师，我还有个想法，《价格违法行为行政处罚规定（修订征求意见稿）》第13条，我不想写进正文了，感觉实在很难处理逻辑关系，我可不可以在上面那段"价格歧视"后面加个脚注，描述一下第13条虽然将电子商务平台经营者不得进行价格歧视的义务扩充至经营者与消费者之间，但此征求意见稿至今未获得通过？

鱼老师 非常好，没问题！这样就会避免征求意见稿与其他法律"打架"了，逻辑也显然更加顺畅。

那么，我们现在就拥有了一份完整的法律整理稿！

我国《消费者权益保护法》对于消费者与价格相关权益主要进行了如下规定：该法律第8条当中界定了消费者的知情权，即消费者有权得知商品的价格。法律在此的要求是"真实"，即消费者有权获知商品的真实情况。该法律第10条当中界定了消费者的公平交易权。具体到价格问题，消费者有权获得"合理"的价格，但其中对于何为"合理"并未明示。

如果说《消费者权益保护法》是基于"消费者"这一身

份进行的保护,那么,《电子商务法》和《个人信息保护法》就是基于"算法"这一营销手段进行的规制。具体来讲,《电子商务法》一方面允许经营者基于消费者个人信息(如兴趣爱好、消费习惯)进行营销,但另一方面要求其必须提供"不针对其个人特征的选项",即非个性化选项。与之类似,《个人信息保护法》同样要求经营者"利用个人信息进行自动化决策"必须提供"不针对其个人特征的选项",但其中同时赋予经营者避免就交易价格实行"不合理的差别待遇"的义务。

最后,我国法律理论上存在对于价格歧视的直接规定,但耐人寻味的是,这些规定仅适用于经营者之间,并不适用于经营者与消费者之间。具体来讲,《价格法》第 14 条仅仅禁止经营者对具有同等交易条件的"其他经营者"实行价格歧视;而《反垄断法》第 22 条虽明确论及禁止算法价格歧视,但此义务也仅仅施加给"具有市场支配地位的经营者"而非全部经营者,且此类经营者如有正当理由也可豁免此规定。

大家看,我们现在对我国法律现状的描述还算充分吧?

珊瑚 & 龙虾 & 海葵　充分!

鱼老师　那好,我们今天的课程就到这里。下节课,我们来进行"案例综述"的练习。咱们下周再见!

第二周

1. 搜索法条的要点：查找相关现象对应的法律术语。

2. 法律整理：可以先把"不十分相关"的法条整理进来，后续再视情况删除。

3. "法条阐释"写作要点：概括而非复制粘贴；学会写主题句；注意归类；点明法条中需呈现的要点；阐释顺序从旧到新或从抽象到具体都行。

珊瑚同学的课堂笔记

第三周
整理判例

/ 第一幕　研究判例的重要意义 /

鱼老师　同学们好,我们本周的任务是,整理与研究主题相关的判例。珊瑚同学,你觉得,我们为什么需要研究判例?判例在我国有法律约束力吗?

珊　瑚　我国不是判例法国家,所以,判例是不能直接当作法律引用的。不过,我觉得,研究判例是法学研究的重要方法。至少,从大一开始学习法律起,老师就一直给我们强调判例的重要性,上课时老师也经常援引一些判例。所以,我一直以来都没有认真思考过为什么要研究判例。感觉这应该是"不言自明"的,就像"天是蓝的"这种"不言自明"。

鱼老师　哈,那么你们中学物理课上有没有学过为什么"天是蓝的"?其实,任何"不言自明"的事件,在背后都未必不需要解释。海葵，对于研究判例的必要性问题，你怎么看？

海　葵　老师，我认为，研究判例的重要性在于法条本身太抽象了，需要判例进一步阐释。就拿咱们上节课研究的法律为例，"不合理的差别待遇"这个措辞就非常模糊，我们完全无法判断价格歧视算不算"不合理的差别待遇"。所以，需要在判例当中寻求司法实践给出的答案：这个问题在实践当中究竟是否已经得到了解决？

鱼老师　很好！这是从法律解释的角度进行的分析。那么，从论文写作角度呢？

海　葵　我觉得，只有"实证研究"才能"发现问题"。案例阐释法条，这对律师而言或许已经足够了。例如，一名律师如果想知道工伤损害赔偿如何计算，他完全可以找到对应法院的相关判例研究一下，但这名律师应该不会去贸然质疑法院计算方式的科学性，因为这不是他的工作。但是，我们做的是法学研究，我们的工作内容是发现问题。而案例越是对法律进行细化，就越是能够揭示问题。所以，如果不研究案例，很多人就会觉得论文"没啥可写"，即便写出来也是干巴巴的。当然，纯理论研究可能除外。

龙　虾　师姐，你刚才讲的理由，是不是也顺便能够解释，咱们这几次课的顺序是"先研究法律再研究判例"？因为

"判例是阐释法条的",所以必须先研究抽象的再研究具体的?

海 葵 哈,是,但不全是!我通常是先研究法条再研究案例,但纯粹是出于实用主义。一方面,法条数量必然少于案例。我总得先研究数量少的,这样容易取得进展,不容易陷进案例的汪洋大海。另一方面,告诉你一个偷懒的方法:你知不知道"北大法宝"有"法条联想"功能,只要你搜索到了法条本身,就可以看到引用了该法条的所有案例?

龙 虾 啥?哇!谢谢师姐!

珊 瑚 其实,中国裁判文书网也可以。你把引用的法条名称和条目敲进去,也能看到相关案例。

龙 虾 嘿嘿,好哒。

鱼老师 刚才海葵刚刚说到,并不必然是先研究法条再研究案例。这事儿我完全同意!我举个例子,有的时候,我的研究恰恰是从案例开始的,即咱们第一节课讲的"找一个值得研究的问题",这个问题本身就完全可能体现为一个特别神奇的案例。举个例子,研究国际法的都知道 DS379 案。这个案子专家组审理结果出来,相当一部分人认为它判错了。所以,就有很多人以此为题写论文。这就是特别典型的"从案例而非法律开始"研究的例子。换言之,如果你碰到了经典案例,那么,案例本身就可以成为研究起点。

除此之外,我还要补充一下:案例和法条研究,没有清晰的分界线。完全有可能是研究完某个案子,我们还需要在"法条研究"部分补充点儿东西。龙虾,你猜猜为啥?

龙　虾　这个我知道!因为我会发现,法官引用了我没见过的法条!

鱼老师　非常好!那么,我们正式进入判例研究环节。下面请大家按照刚才海葵同学讲过的方法,寻找一下与上节课整理的法条相关的判例。

/ 第二幕　案例研究方法综述 /

(1小时后)

鱼老师　同学们,收获如何?

龙　虾　累死我了!一个法条下面可能有一百个案子,还得我一个个地认真读。结果,读完之后我会发现,这个案子虽然引用了我找到的法条,但实际内容与我要研究的问题完全不沾边儿。举个例子,就拿"公平交易权"这个法条来讲,其中不仅仅有和价格相关的案例,还有的案子是关于商家谎报产品成分、商家篡改生产日期……但如果我用关键词搜索，还真就无法完全排除这些无关的案例。因为法官很可能在判决书当中把"公平交易权"那个法条完整地复制了一遍！

珊　瑚　来，握个手，你习惯就好。

鱼老师　没错，找案子可没那么容易。话说，你们几个都找到能用的案例了吗？

珊瑚 & 龙虾 & 海葵　找到了！

鱼老师　那么，在具体分析案例之前，我们先来讨论一下案例分析的基本方法。珊瑚，你能不能给我们讲讲，案例大致可以包含哪些部分？

珊　瑚　好的！案例第一部分是当事人身份，第二部分是案件事实，第三部分是诉讼流程，第四部分是法院整理的争议焦点，第五部分是判决结果。

鱼老师　对于这五部分，你觉得应该以一种什么策略阅读？

珊　瑚　老师，我知道您想问的是啥，我已经被本科论文指导教师纠正过了！读案例，绝对不能直接跳到"原告胜诉还是败诉"部分，得认真思考法官说理部分。即便法官说理不清晰也要合理猜测法官思路是什么。

鱼老师　说得非常好。能不能进一步解释一下为什么呢？

珊　瑚　因为当事人胜诉可能只有一种原因——法官支持他，但当事人败诉可以有很多原因。比如，时效问题、证据问题、损害赔偿请求的太多法官没全部支持等。我们只有分析了这些具体原因，才能理解法官为什么这么判案。我举个例子，甲起诉乙，声称乙的父亲丙欠钱不还，要求乙"父债子偿"。法官完全可能基于现代民法理论，即乙与丙人格独立，而驳回甲的请求，认为乙无需还钱；但法官也可能基于"乙继承了丙的不动产"，认为乙应当概括继受债权与债务，因而应当以继承财产为限还钱。这两起案件看似判决结果完全相反，但实际上基本原理完全相同。所以，如果只看第二种判决结果就认为法官支持"父债子偿"，将会得出非常荒谬的结论。

鱼老师 说得好！所以，我们阅读案例时，既要注意"结果"，也要留意"过程"。具体方式方法问题，咱们到具体案例再谈。

/ 第三幕 个案研究（一）/

鱼老师 龙虾同学，请你先来谈谈你找到的第一个案例？

龙　虾 好的，这是我找到的第一个案例：

> 郑育高与上海携程商务有限公司其他侵权责任纠纷一审民事判决书

上海市长宁区人民法院

(2020) 沪 0105 民初 9010 号

原告：郑育高。

委托诉讼代理人：应丹妮，浙江民禾律师事务所律师。

委托诉讼代理人：郭瑞红，浙江民禾律师事务所律师。

被告：上海携程商务有限公司。

法定代表人：杨涛，董事长。

委托诉讼代理人：熊敏琴，上海铭富律师事务所律师。

原告郑育高与被告上海携程商务有限公司其他侵权责任纠纷一案，由杭州互联网法院移送来院，本院于 2020 年 5 月 6 日立案后，依法适用简易程序，后因审理需要转为普通程序，并根据《全国人民代表大会常务委员会关于授权最高人民法院在部分地区开展民事诉讼程序繁简分流改革试点工作的决定》，依法适用普通程序，由审判员独任审理，于 2020 年 10 月 12 日公开开庭进行审理，原告委托诉讼代理人应丹妮、被告委托诉讼代理人熊敏琴到庭参加诉讼。审理中，双方申请庭外和解期间共计 2 个月。本案现已审理终结。

原告郑育高向本院提出诉讼请求：1. 判令被告在携程官方微信号、官方网站、官方微博等媒体官方首页向原告赔礼道歉并承诺以后不再进行此类侵害原告权益的行为；

2. 判令被告向原告支付因被告侵犯原告知情权、公平交易权、人格尊严权等权利给原告带来的损失 8184 元（其中退票手续费 500 元；机票的差价损失 523 元；机票的 3 倍金额 7161 元）。事实和理由：2018 年 8 月 22 日，原告欲购买 2018 年 8 月 23 日 15：50 由杭州飞往香港的机票，故通过携程网 APP 点选，但点击购买确认后页面跳转的订单显示机票出发时间为 11：05（价格为 1864 元），原告以为是个人操作失误，故退出后再次勾选，仍显示出发时间为 11：05，故原告认为 15：50 的机票已经售罄，无奈之下只能购买 11：05 的机票，但购票成功后，原告发现 15：50 的机票仍有余票，在没有退票的情况下再次选择该时段机票，价格显示为 1864 元，但系统显示存在重复购票的风险。后原告联系被告后，被告通过操作，原告可以正常购买该机票，但价格却上涨为 2387 元，原告不得不以高于原票价的金额购买了该机票。原告认为，被告作为平台，擅自更改操纵机票价格，使处于相同交易条件下的原告面对的价格不同，并通过大数据对原告的机票需求进行分析而定价，侵犯了原告公平交易权，同时在原告可以以低价购买机票时以系统错误为由让原告难以购买低价机票，未将机票真实价格告知原告，侵犯了原告的知情权，在原告与被告客服沟通此事时，被告拖延敷衍侵犯了原告的人格尊严权利，故涉诉。

被告上海携程商务有限公司辩称，对原告诉请的各项金额无异议，但不同意原告的诉讼请求，被告作为携程旅行网运营方，并不实际向原告提供机票预订服务，也未收取原告的退票费用及机票款，原告认为被告对其存在侵权行为无事实及法律依据；原告主张被告侵犯其知情权、公平交易权及人格尊严权，但其并无证据证明被告因过错侵害上述权益，且知情权及公平交易权也非侵权责任法规定的民事权益范围，原告主张的退还退票手续费及机票差价损失并无事实及法律依据，被告与原告之间既无合同法律关系，也未存在侵权行为，原告主张退还退票费及机票差价，因系基于合同关系产生，不属于侵权行为。有关机票价格波动是受市场供需关系影响，且机票价格并非被告确定，价格变动属于机票行业的正常现象，原告作为经常订购机票的消费者也理应知晓相关价格浮动。

当事人围绕诉讼请求依法提交了证据，本院组织双方当事人进行了证据交换和质证。对当事人无异议的证据，本院予以确认并在卷佐证。对于当事人有异议的证据，本院将在事实认定和本院认为部分予以综合阐述。

根据当事人双方陈述和经审查确认的证据，本院认定事实如下：

2018 年 8 月 22 日 20 时 11 分，原告通过"携程旅行网"手机 APP 查询 8 月 23 日 11 时 05 分起飞的杭州—香港航班(以下简称 11 时 05 分航班)，并于 20 时 12 分下单购买上述航班，订单号为×××××××××，支付票款2376元。当晚22时39分，原告再次在上述网站查询8月23日15时50分起飞的杭州—香港航班（以下简称15时50分航班），后预订时显示"乘机人已购买相同时间的机票，重复购票可能有退改费损失"，机票价格显示为1864元，同时操作界面上有"重复购票会产生退改损失"的操作按钮，原告未进行后续操作。当晚22时42分原告通过携程APP与客服联系，询问"我订的是下午15点的机票，怎么出票是上午11点的呢？"，客服反馈称机票是原告自助预订，都是根据原告提交的信息进行出票，原告回复称"对，刚刚发现错了，赶紧买下午的，结果跳出来也是一样"，并表示"应该是系统链接有问题，没法买下午的票"。当晚22时56分，原告将显示重复购票的预订截图发送给客服。当晚23时02分，客服方面称"后续对话框帮您转接领导，如果中间有什么问题可以对话框和领导沟通"，原告当时未再回复。同时，原告再次查询8月23日15时50分航班并下单购买，支付票款2387元。后原告于当晚23时21分取消了11时05分航班的订单，发生退票手续费500元。当晚23时23分，原告发送预订截图给客服表示"前后两张截图你们自己比对，后台问题还是应该自己面对的，给用户造成困惑和损失非常不好"。

本院认为，本案的主要争议焦点为：1. 被告是否存在原告诉称的侵权行为；2. 原告主张的各项损失是否合理有据。

　　对于争议焦点一，本院认为，首先，从侵害客体来说，原告明确本案请求权基础系侵权之诉而非合同之诉，且其主张的责任形式也系《侵权责任法》明确的侵权责任承担方式，因此其所主张的民事权益应当在《侵权责任法》第二条所列举的范畴之中，这些权益均具有绝对性。而原告所主张的知情权和公平交易权，在《侵权责任法》中并无相关规定，其主张的权利来源为《消费者权益保护法》，但该法中对上述权利的规定均系消费者在购买、使用商品和接受服务时对经营者可主张之权利，具有相对性，其请求权基础应为合同之诉而非侵权之诉，故原告在选择侵权之诉的情况下主张上述权利缺乏法律依据。其次，从侵权行为本身来看，原告诉称的侵权行为主要是被告利用系统致使原告不能以较低价格购买机票以及在与原告沟通过程中存在拖延敷衍，但是原告并未提供充分证据证明上述事实，从现有证据来看，在原告存在同一天相同航程订单的情况下，系统对第二笔订单提示"重复购票"，以防止消费者错误操作导致产生退票损失，该设置本身并无不当，且原告并未举证证明该提示限制了原告后续的购票操作，被告亦举证证明了原告操作的基本流程，无法看出存在限制原告继续购票的情形，同时，从原告提供的客服与原告的沟通过程来看，被告客服在处理过程中并无不当言行，难以认定存在侵害原告人格尊严权的情形。

至于原告主张的"大数据杀熟"情况，本院认为，机票价格受市场因素等影响存在价格浮动的情况符合一般交易惯例和公众认知，本案中，原告查询机票价格的时间存在一定间隔，机票价格的变动幅度也在合理范围内，不能因不同时间段机票价格存在波动就认定属于"大数据杀熟"行为。

对于争议焦点二，本院认为，鉴于被告并不存在原告主张的侵权行为，因此对于原告主张的各项损失，缺乏事实与法律依据，本院难以支持。

综上，依照《中华人民共和国侵权责任法》第二条、第六条、第十五条及《最高人民法院关于适用〈中华人民共和国民事诉讼法〉的解释》第九十条之规定，判决如下：

驳回原告郑育高的全部诉讼请求。

案件受理费50元，由原告郑育高负担。

如不服本判决，可在判决书送达之日起十五日内，向本院递交上诉状，并按对方当事人的人数提出副本，上诉于上海市第一中级人民法院。

审判员　赵琛琛

二○二○年十月三十日

书记员　洪巧缘

龙　虾　这个判决书有将近 3000 字！但是，和我们研究相关的东西不是特别多，也就短短几行，所以看起来也很快。这个案子大致是一位姓郑的消费者，在携程订了飞机票，但整个过程先后出现了"航班预定问题"和"先后两次查询机票但发现价格变动"问题。不过，前一个问题与"大数据杀熟"完全无关，后一个问题有关但法官判决结果极其简单：

> 至于原告主张的"大数据杀熟"情况，本院认为，机票价格受市场因素等影响存在价格浮动的情况符合一般交易惯例和公众认知，本案中，原告查询机票价格的时间存在一定间隔，机票价格的变动幅度也在合理范围内，不能因不同时间段机票价格存在波动就认定属于"大数据杀熟"行为。也就是说，法官认为"仅凭机票价格变动"这一事实无法认定"大数据杀熟"。理论上讲，消费者一方如果能够证明机票价格变动还有其他原因，则法官可能做出对消费者有利的判决。但是，我目前无法预知，消费者究竟要如何对此进行举证。

鱼老师　龙虾同学刚才对案例的描述非常到位！具体来讲，有四个优点值得肯定：

第一个优点在于，龙虾同学对案件事实的概括相当简略，并没有纠结于原告郑某究竟是商人、工程师还是自由职业者，直接抽象出"消费者"这个身份。我能不能问问，为什么你会这样抽象？

龙　虾　嘿嘿，因为我觉得只有这一个身份和本案有关。郑某不论是男是女、从事什么职业，和本案都毫无关联。

鱼老师　很好！这样抽象案例就可以有效排除一些无关的干扰因素。我们继续讲，龙虾同学第二个优点在于，他发现了案件有两个争议焦点，且只有第二个与咱们要研究的问题相关。事实上，我们读案例，经常会遇到此种情况，即在时间有限的情况下，有效排除某个无关争议也是一项能力。

龙虾同学的第三个优点在于，他虽然复制粘贴了法官的"一小段判决"，但在此基础上作出了自己的分析：价格波动说明不了"大数据杀熟"的存在，消费者负责举证。尤其是"举证"问题，龙虾同学几乎是在判决原文当中完全未提及的情况下提出的！能不能谈谈，你是如何想到如此抽象的？

龙　虾　老师，我先问一句，我对举证责任分配的分析是对的，是吧？

鱼老师　放心，我认为你是对的。讲吧。

龙　虾　其实我是猜的。如果这个问题上的举证责任是"原告举证存在价格不同即可""被告证明价格不同不是出于歧视"，那么，法官就会在判词当中明明白白地写出来。比如，法官会写明被告有举证的义务。但法官没这么写，所以，我推知举证责任应当是原告承担，且原告举证"大数据杀熟"不能用"不同时间的价格不同"作为证据。

鱼老师 很好，你的猜测很有道理！

我们接着讲，龙虾同学的最后一个优点是，你居然能找到这个案子！真不容易！事实上，这个案子算是判决文书写得相对不那么标准的案子。至少在"大数据杀熟"这个争议焦点上，此案判决书没有引用任何法条。所以，按照我们此前讲过的、直接搜索相关法条的方式应该不会找到这个案子。那么，龙虾同学，你是如何发现这个案子的？

龙　虾 嘿嘿，我直接把"大数据杀熟"这个关键词敲进去啦，以防某些案件真没援引任何法条，比如，法官凭借内心的公允和善良原则判案。其实，我还敲进去了"算法价格歧视"！

鱼老师 嗯，你已经是个成熟的案例检索小能手了！

龙　虾 还需要说明的一个事实是，这个案子非常奇怪！当事人引用的是《侵权责任法》，不是《消费者权益保护法》！我把案子前前后后读了 N 遍才发现原因：被告携程公司主张，它与原告郑某没有合同关系，因为机票购买合同是原告与航空公司订立的！

但如果是基于《侵权责任法》，《侵权责任法》当中又没有关于公平交易权的描述。

鱼老师　很好，这是一个很奇怪的请求权基础。咱们先记下来。

那么，珊瑚，你找到其他案例了没？

珊　瑚　找到了，老师。

鱼老师　好，来和我们分享一下？

珊　瑚　好的，案例文本在这儿！

/ 第四幕　个案研究（二）/

刘某与北京三快科技有限公司侵权责任纠纷二审民事判决书

湖南省长沙市中级人民法院

(2019)湘01民终9501号

上诉人(原审原告)：刘某。

被上诉人(原审被告)：北京三快科技有限公司。

法定代表人：穆荣均，执行董事。

上诉人刘某因与被上诉人北京三快科技有限公司(以下简称三快科技公司)侵权责任纠纷一案，不服湖南省长沙市芙蓉区人民法院(2018)湘0102民初13515号民事判决，向本院提出上诉。本院受理后，依法组成合议庭审理了本案，现已审理终结。

刘某上诉请求：1、请求撤销一审判决，依法改判被上诉人在美团APP、美团外卖APP、大众点评APP、官方微信公众号、官方微博、官方网站、官方贴吧等媒体官方首页向刘某书面赔礼道歉并承诺以后不再进行此类侵害刘某权益的行为；2、判令被上诉人赔偿刘某500元；3、本案一、二审诉讼费由被上诉人承担。事实与理由：一、一审违反法定程序，足以影响公平公正。1、本案于2018年12月20日立案，依法适用简易程序公开开庭审理，而一审法院至2019年3月22日才开庭，实际至2019年4月29日才审结，违反了民诉法第一百六十一条审限之规定。2、一审法院于2019年4月29日胁迫上诉人违背意愿在其伪造的2019年4月1日宣判笔录上签字，违反了民诉法第一百一十一条妨害司法行为的规定。3、本案依法适用简易程序公开开庭审理，而被上诉人在2019年3月22日开庭时出具的证据含有大量商家商业机密和消费者个人隐私，违反了民诉法第六十八条的规定。4、一审法院开庭时未宣读法庭纪律、未告知当事人有关的诉讼权利义务、未询问当事人是否提出回避申请，甚至在审判员都未到庭的情况下，就由书记员开始了法庭调查程序。一审法官未宣布退庭就离开了，并胁迫上诉人违背真实意愿在和解申请书上签字，严重违反法定程序。5、被上诉人逾期提供证据一审法院未责令其说明理由，一审法院采纳该证据但未予以训诫、罚款，违反了民诉法关于举证期限的规定。二、一审判决存在案件事实认定错误。1、被上诉人在有折扣、优惠、减免时会在价格旁标明原价，而对上诉人实施价格欺诈行为时，未标明任何原价、费用变动说明等类似提示或告知，明显侵犯了上诉人的知情权和公平交易权。2、被上诉人的证据全部为被上诉人私有的电子数据，可以由被上诉人主观随意生成、删除、篡改、打印，且得不到其他证据的印证，不具有证据的客观性，不应采信。3、被上诉人证据中的"准时宝"是一项有偿增值服务，是被上诉人未能准时送达时支付的违约金，不具有证据的关联性，不应采信。4、依据被上诉人的说法，那么上诉人先于同事13分钟下单，与同事在同一时间同一骑手手中取得外卖，却要多支付1元的配送费，送达的时间更晚却支付的费用更高，明显违背常理。5、关于被上诉人利用"大数据杀熟"进行价格欺诈的行为，国家通讯社、新华社等已有严谨的权威报道，一审认定明显与权威调查结果相悖。6、上诉人再次补充提供更多同一时间同一地址同一商家同一服务的截图，可证明被上诉人利用"大数据杀熟"新老用户不同价进行价格欺诈的行为。

三快科技公司未发表答辩意见。

刘某向一审法院起诉请求：1、三快科技公司在美团官方微信号、官方微博、官方网站、官方贴吧等媒体官方首页向刘某道歉并承诺以后不再进行此类侵害原告权益的行为；2、三快科技公司向刘某赔偿 500 元。

一审法院认定事实：2018 年 7 月 19 日 11 时 55 分 20 秒，刘某通过三快科技公司运营的"美团外卖"平台，向商家"沙哇低卡轻食沙拉(国金中心店)"购买了"套餐金枪鱼三明治+红豆薏米汁"一份，配送费为 4.1 元。同日 12 时 8 分 20 秒，另一美团注册用户通过上述平台向同一商家订购了同样的套餐一份，收货地址也为湖南信息大厦 1320 室，配送费为 3.1 元。刘某认为三快科技公司对其多收取的 1 元钱配送费是"大数据熟杀"区别定价，侵犯了其知情权、公平交易权等，遂诉至一审法院。三快科技公司提供的平台日志后台显示，刘某订单所涉商圈当日 11 点 47 分开始订单大幅上涨，配送费动态上调，11 点 57 分后订单大幅上涨的状态结束，配送费动态恢复正常水平。

一审法院认为：除法律另有规定外，行为人因过错侵害他人民事权益，才应当承担侵权责任。刘某所述的两份订单虽然购买商家、商品、收货地址均一致，但关键是下单时间不一致。三快科技公司根据平台交易量对配送费进行动态调整，是自身的经营行为，不构成对刘某的侵权。故一审法院对刘某相关的诉讼请求不予支持。刘某另主张三快科技公司的行为涉及到违反反垄断法等，不属于一审法院审查范围，一审法院对此不予处理。据此，依照《中华人民共和国侵权责任法》第六条之规定，判决：驳回刘某的所有诉讼请求。本案受理费80元，因适用简易程序，减半收取40元，由刘某负担。

本院二审期间，双方当事人均未提交新证据。

本案二审查明的事实与一审法院一致。

本院认为，本案的争议焦点为：一、一审程序是否存在不当之处。经查阅一审卷宗，一审在审限、开庭、举证质证、宣判等方面并未违反民诉法的相关规定，审限的延长获得了双方当事人的同意，开庭时刘某并未对相关程序提出异议，且开庭后刘某在笔录上签字确认，也没有证据证明系一审法院胁迫刘某在宣判笔录上签字。综上，一审程序符合法律规定，不存在不当之处。二、三快科技公司是否存在利用"大数据杀熟"的价格欺诈行为。根据《最高人民法院关于适用〈中华人民共和国民事诉讼法〉的解释》第九十条的规定："当事人对自己提出的诉讼请求所依据的事实或者反驳对方诉讼请求所依据的事实，应当提供证据加以证明，但法律另有规定的除外。在作出判决前，当事人未能提供证据或者证据不足以证明其事实主张的，由负有举证证明责任的当事人承担不利的后果。"本案中刘某应当对三快科技公司存在价格欺诈行为负举证责任，但是本案中刘某只是提供了三快科技公司在刘某下单时比其同事多收1元的配送费的证据，但三快科技公司的外卖配送费是动态调整的，订单量大时配送费上涨，而刘某与其同事下单时间并不一致，两者的配送费不具有可比性。综上，现有证据不足以证明三快科技公司对刘某多收 1 元的配送费是利用"大数据"区别定价，侵犯了其公平交易权等，一审对刘某的诉讼请求不予支持并无不当。

综上，刘某的上诉请求不能成立，应予驳回。一审判决认定事实清楚，适用法律正确，应予维持。依照《中华人民共和国民事诉讼法》第一百七十条第一款第一项规定，判决如下：

驳回上诉，维持原判。

二审案件受理费 40 元，由刘某负担。

本判决为终审判决。

审判长　刘应江

审判员　罗艳华

审判员　常晓华

二〇一九年十月三十一日

书记员　梁　樱

珊　瑚　这个案例比上一个还短点儿，2500 字，且其中还有个二审程序。不过案例本身相当好懂。刘某是一名消费者，他发现自己在 11:55 分订购的外卖与同事在 12:08

分订购的外卖配送费相差1元钱，但配送地址完全相同。所以刘某主张自己遭受了"大数据杀熟"。但此案一审法院并未支持其主张。法官认为，刘某应当举证"大数据杀熟"的存在，但由于订餐时间不一致，因此，仅凭配送费差异并不能证明这一点。二审判决支持了一审的认定。

此案当中还有一个细节很有意思：请大家跟我一起看这一段："5、关于被上诉人利用'大数据杀熟'进行价格欺诈的行为，国家通讯社、新华社等已有严谨的权威报道，一审认定明显与权威调查结果相悖。6、上诉人再次补充提供更多同一时间同一地址同一商家同一服务的截图，可证明被上诉人利用'大数据杀熟'新老用户不同价的进行价格欺诈的行为。"——这一段不是判决结果，是原告方在二审时的主张。原告的确很认真地进行了举证，这两份证据包括国家通讯社、新华社等的权威报道，但法院没有采信；以及原告还提供了"更多同一时间同一地址同一商家同一服务的截图"——此处明确提及"同一时间"这一要素，但在二审当中，法官实际上完全未提及此份证据，更没有论证"同一时间价格不同"究竟是否构成"大数据杀熟"。

所以，如果将此案和刚才龙虾同学的郑某案相对比，可以发现，"大数据杀熟"如何举证在两案当中都是难题。法官可以轻松认定"不同时间价格不同"的合理性，进而否定"大数据杀熟"的存在；但即便当事人举证"同一时间价格不同"，法官也处于回避状态。两起案件对于实体法律争议实际上并没有讨论：即商家可否在同一时间选择性地向不同用户呈现不同价格？

最后，与龙虾同学刚才论及的非常类似，此案一审适用的也是《侵权责任法》。而二审法院则一方面提及"公平交易权"，另一方面甚至没有援引任何明确规定了请求权基础的法律。

鱼老师 非常好！珊瑚同学的分析很到位，而且与龙虾同学刚刚报告的案例进行了对比。两起案件当中，我们能够清晰地看出法官逻辑的一致性。

/ 第五幕　一起不知道相不相关的案例 /

鱼老师 两位同学，我多问一句：你们还找到其他案例了吗？

龙　虾 嗯，老师，其实，我还找到一起"名不副实"的"大数据杀熟"案。说它名不副实，是因为我看到新闻报道"'大数据杀熟'第一案"，还有新闻表示消费者已经成功维权了。我出于好奇跑去围观了一下，结果发现，那起案件的确是消费者成功维权的典范。但严格来讲，该案并不算是商家从事的"大数据杀熟"行为，而是，"携程公司怠于对平台内商家进行监管"。换言之，携程公司的责任在于监管不力而非故意"杀熟"。当然，这是否可以理解为法官换个角度要求其承担责任还有待探讨，但无论如何，这个案子本身并没有明确认定"大数据杀熟"的构成要件。

鱼老师　哈，这就是咱们第一节课曾经提到的案子，对吧？

龙　虾　对啊对啊，所以我才好奇去围观的！那么，这个案子咱们要不要纳入考量范畴？

鱼老师　我建议先放放。目前还没法评判。

/ 第六幕　关于"价格歧视"的两起案例 /

鱼老师　那么，大家还找到什么与"大数据杀熟"直接相关的判例了吗？

珊瑚 & 龙虾　没有！

珊　瑚　老师，我现在也开始觉得奇怪了！倒不是奇怪为啥没有判例。毕竟，假如我是消费者，我发现此前的消费者起诉后没胜诉，我也很可能不愿意再次起诉了。我真正纳闷儿的是，为什么消费者维权这么困难呢？

鱼老师　你觉得可能是什么原因？

龙　虾　我知道，举证责任问题！前面两起案例几乎没进入到实体法律审理阶段，原告方几乎都是在举证阶段就无法证明其中存在"大数据杀熟"。毕竟，如果从法院的角度来讲，不同时间不同价格这事儿还真的挺正常。咱们学校食堂有的时候也这样。比如四食堂一楼那家面包店，红豆吐司 8 块钱 1 袋，但晚 9 点之后就打 8 折。所以，我也很理解法院为啥不愿意判决商家违法。

鱼老师　那么，咱们从论文写作的角度来讲，要不要将"'大数据杀熟'犯众怒但不违法"这事儿归因于举证困难？

海　葵　老师，我觉得不行。咱们毕竟不是诉讼法专业，把一篇论文简单写成"举证困难应当如何解决"似乎太草率了。而且，我有个想法：假如真的能举证"歧视"存在，那么，法院要不要管？

鱼老师　哈，你想怎么举证？

海　葵　我认为，前面两起案例举证过于困难，是因为算法本身是个"黑箱"。消费者根本弄不清楚电商究竟是怎么定价的。但是，如果把"算法"这事儿避开呢，即和算法完全无关的价格歧视问题法院要怎么处理？所以，我去搜索了一下和算法完全无关的传统型价格歧视！

珊　瑚　哇，师姐这个思路不错！那么，这个领域有案子吗？

海 葵 有,而且有两个,我分享给大家:

米龙与云南世博集团有限公司等消费索赔纠纷二审民事判决书

云南省昆明市中级人民法院

(2007)昆民五终字第363号

原告:米龙。

被告:云南世博集团有限公司。

被告:昆明世博园股份有限公司。

2000年原云南省物价局根据相关规定制定了昆明世博园的门票价格为每人次人民币100元。2006年5月1日至5月7日在举办中国昆明国际文化旅游节期间,被告昆明世博园股份有限公司对云南省本地居民实行节票优惠,具体优惠办法为:2006年5月1日至7日云南省居民凭本人身份证可购买30元/人节票,配身份证验证入园,不重复享受其他票价优惠。2006年5月6日原告米龙前往昆明世博园游玩,以人民币100元购买了一张门票。原告认为被告的行为严重歧视外地游客,侵犯了原告的合法权利,故诉至法院主张其权利。

经本院向云南省发展和改革委员会征询,云南省发展和改革委员会复函告知:世博园门票实行政府指导价,由省级价格行政主管部门制定最高限价。根据游览参观点门票价格管理的有关规定，实行政府指导价管理的游览参观点，对1米以下儿童、残疾人、持离休证的离休人员、70岁以上老人应免收门票；对军人、学生应给予半价优惠；对其他游客，游览参观点可以在价格主管部门制定的最高限价范围内，自主确定实际执行的门票价格。

原告诉称：2006年5月6日原告前往昆明世博园游玩，并以人民币100元的价格购票准备入园，却发现有些游客的门票价格为人民币30元。原告返回售票大厅询问，售票人员答复：持云南省身份证购买门票的游客可享受30元一张的门票，外地游客一律按100元一张。原告在门口发现一张公告，公告给云南省的游客以优惠。原告认为：被告作为全国文明旅游景点，其行为是严重歧视外地游客，侵犯了原告作为普通游客，平等享受被告提供服务的权利。被告不能因为原告属外省游客，享受同等的服务却需要支出多于本省游客数倍以上的额外费用。现诉至法院，请求判令：（1）被告在国家级报刊上向原告道歉；（2）被告退还多收的购票款70元；（3）被告赔偿原告精神损害1元。

被告云南世博集团有限公司辩称：昆明世博园是属于第二被告的资产，由第二被告依法经营，原告是向第二被告购买的门票，是与本案的第二被告发生交易。第二被告作为依法设立的独立法人，依法独立承担民事责任。第一被告也是独立的法人，与第二被告是相互独立的。原告没有与第一被告发生过任何交易，原告对第一被告的起诉是错误的，法院应予以驳回。

被告昆明世博园股份有限公司辩称：被告作为昆明世博园的经营者，按照物价局核准的价格每张100元向原告出售门票，没有违反《价格法》的规定，不存在对原告实施了价格歧视。2006年中国昆明国际文化旅游节这一特定期间，被告给予持云南省身份证的游客优惠，是对本地人民为世博园建设做出贡献的回馈，也符合《价格法》对新产品试销价格的规定。价格歧视在《价格法》中规定是：经营者提供相同商品或者服务，不得对具有同等条件的其他经营者实行价格歧视。因此，原告作为消费者，并不具备适用价格歧视的条件。价格歧视是一个经济学方面的词语，是经营者进行经营的一种营销策略，并非一个贬义词，也不是法律所禁止的。从《消费者权益保护法》的规定看，经营者与消费者进行交易，应当遵循自愿、平等、公平、诚实信用的原则。平等、公平是指交易双方的平等、公平，被告没有强迫原告交易，已对票价优惠进行了公示，原告享有自由交易的权利，被告没有侵犯原告的任何权利。

盘龙区人民法院经审理认为：原、被告双方争议的问题在于被告在旅游节期间对本地居民实行优惠票价，是否构成对原告的歧视，侵犯了原告的平等消费权、公平消费权。

原告与被告是平等的民事权利义务主体,在进行民事活动时依法享有各自的权利,承担各自应尽的义务。民事法律制定时确定的承担民事责任的法律原则是合法权利受到非法侵害,即承担民事责任应满足两个条件:一是当事人所主张的权利依法受保护;二是受保护的合法权利受到非法侵害。同时具备这两个条件是民事主体承担民事责任的基础。在本案中,原告作为一名普通的消费者向被告购票到世博园游玩,双方之间形成的是一种提供服务与接受服务的消费关系,受《消费者权益保护法》的调整。原告提起诉讼是认为其依法享有的平等、公平消费权受到侵害,被告应承担相应的民事责任。确定被告是否应承担民事责任,应首先确定原告所主张的权利是否受《消费者权益保护法》保护;其次,应考查被告的行为是否符合承担一般侵权责任的构成要件,即行为人的违法行为造成行为相对人损失,且行为人主观存在过错。

首先,关于原告所主张的平等、公平消费权是否受《消费者权益保护法》保护。

在《消费者权益保护法》中,平等、公平是作为一种交易活动的原则规定在第四条,具体表述为:经营者与消费者进行交易,应当遵循自愿、平等、公平、诚实信用原则。这一条款将自愿、平等、公平、诚实信用作为同等适用的原则加以规定,这四项原则是民事主体进行民事活动时的基本原则。本案的纠纷主要涉及的是原告的平等、公平消费权是否受到被告侵害。原告进行本次诉讼是认为其作为一名普通消费者,因为其是外地人,与云南省本地居民相比较,没有得到相等的待遇。从这个意义上理解,原告与云南省本地普通消费者确实是不平等的,但将平等作为一个法律概念来理解,还应注意这个词语的适用条件及范围,而不能仅作通常意义上的理解。每一部法律的适用都有特定的适用主体和范围,《消费者权益保护法》的立法目的是规范经营者与消费者之间的权利义务,给予消费者更多的保护,其适用的主体和范围是经营者与消费者之间。这一原则的适用限定于经营者与消费者进行交易时,指的是经营者与消费者之间的平等。具体到本案中,就是指原告与被告之间的平等,而非指原告与其他消费者之间的平等。目前,我国尚无法律规定,在进行同一类消费时,所有消费者享有的待遇都应是相等的,支付的对价都应是一致的,经营者不能给予不同的消费者不同的权利。根据国家的有关规定,对于儿童、残疾人、离休人员、达到一定年龄的老人、军人、学生等特定人群给予优惠,这是从社会公德考虑,国家通过法律形式作出的强制规定。一般的普通消费者享有的平等权利仍限于《消费者权益保护法》规定的范畴。在这一原则性的条款中,还规定了公平原则,公平原则要求民事主体应以公平的观念从事民事活动,交易活动应当遵循普遍公认的行为准则,正当地行使权利和履行义务。《消费者权益保护法》要求经营者在与消费者进行交易时应遵循公平原则，遵循普遍公认的行为准则。因此，本案中原告要求的公平消费权属于《消费者权益保护法》保护的范畴。

其次，被告的行为是否符合承担一般侵权责任的构成要件。

行为人的违法行为造成行为相对人损失且行为人主观存在过错是承担一般侵权责任的构成要件。首先要确定行为人的行为是否违法。本案中，被告所实施的行为是在旅游文化节期间对本地居民制定了优惠票价，而原告作为外地人无法享受此种优惠。审查被告的行为是否违法，应从两方面考虑：（1）被告制定优惠票价是否违反国家对于价格制定的有关法律规定；（2）被告制定优惠票价是否违反《消费者权益保护法》对消费者权利的保护。

1. 根据《中华人民共和国价格法》的规定，经营者进行价格活动，享有在政府指导价规定的幅度内制定价格的权利。经查明，世博园的门票实行政府指导价，原云南省物价局制定的最高限价为每人次人民币100元。被告昆明世博园股份有限公司根据《价格法》的规定，有权在最高限价范围内自主制定价格，即被告有权制定优惠票价，被告的行为并不违反国家对于价格制定的有关法律规定。

2. 《消费者权益保护法》第四条规定了自愿、平等、公平、诚实信用原则。本案中，被告的行为是否侵害原告的平等消费权？本院认为：原告与被告在交易活动中是平等的民事主体，被告作为经营者，在法律允许的范围内针对不同的人群自主定价是其进行自主经营的方式，是其享有的合法权利。原告作为消费者，可自主选择是否进行消费，双方的法律地位是平等的。被告制定优惠票价的行为并未侵犯原告受《消费者权益保护法》保护的平等权利。被告的行为是否侵害原告的公平消费权？本案被告以消费者属地的不同确定不同的消费价格，显然是对不同的公民给予了不同的消费条件和消费机会，关键是以消费者的属地作为划分的标准是否能取得社会成员的普遍价值认同，是否能满足人们的愿望和需要。被告对于本地居民的优惠是为了鼓励本地居民参与旅游节的活动，并未要求外地游客支付超出正常价格的对价。这一相对不公平的程序并未达到社会不能容忍和违反公众普遍公认的行为准则。同时，《消费者权益保护法》还规定了消费者享有商品服务的知悉权及自主选择权，相对应地赋予经营者对所提供的商品或服务真实信息告知义务。本案中，原告作为消费者有权知悉被告提供服务的真实情况并进行自主选择，这是自愿原则的要求。被告作为经营者应将所提供服务的真实信息告知消费者，这是诚实信用原则的要求。被告已将在旅游节期间对云南省本地居民实行优惠票价的详细情况以公告方式在售票窗口告知消费者，其作为经营者的告知义务已充分履行，符合诚实信用原则的要求，并无违反《消费者权益保护法》对消费者相关权利保护的行为。因此,被告对本地居民制定优惠票价的行为并不违法,承担一般侵权责任的构成要件不能成立。

综上所述,被告针对不同人群制定不同票价是其享有的自主经营的合法权利,且未违反相关法律规定。被告在进行经营活动时已履行了《消费者权益保护法》规定的经营者的义务,保障了消费者的合法权利。原告作为消费者,在对消费价格有充分了解的情况下,可以自主选择是否进行消费。原告购票的行为表明其已同意与被告建立消费关系,现又认为被告侵犯其合法权利,缺乏事实和法律依据。昆明世博园是被告昆明世博园股份有限公司负责经营,原告是与昆明世博园股份有限公司建立了消费关系,被告云南世博集团有限公司并未向原告提供服务,不应承担责任。故原告要求被告赔礼道歉,退还票款,赔偿精神损害的诉讼请求,缺乏事实根据和法律依据,本院不予支持。据此,依照《中华人民共和国民事诉讼法》第六十四条第一款及《最高人民法院关于民事诉讼证据的若干规定》第二条之规定判决如下:

驳回原告米龙的诉讼请求。

一审宣判后,原告米龙不服,向昆明市中级人民法院提出上诉,诉称:在消费及提供服务时,对特定人群给予优惠,必须有国家明文规定为依据,不能任意扩大其适用范围,否则就是对消费者的歧视,消费者之间的平等本身就是经营者与消费者之间的平等的一种体现。被上诉人有自主定价权,但不意味着其可以就完全相同的服务针对不同的消费者个体制定不同的价格。被上诉人是否违反价格法与其是否侵犯了上诉人的平等、公平消费权是两码事,肯定前者,并不能成为被上诉人免责的理由。世博园对消费者来说具有唯一性和排他性,其旅游价值也是特定化的,在昆明没有同质的、足以替代的其他旅游景点供消费者在两者之间进行对比后作出选择。被上诉人对世博园的经营又具有垄断性质,上诉人要么放弃入园游览,要么接受被上诉人的歧视。请求:(1)撤销一审判决;(2)判令被上诉人在国家级报刊上向上诉人道歉;(3)判令被上诉人向上诉人退还多收的购票款70元;(4)判令被上诉人赔偿上诉人精神损害抚慰金1元。

被上诉人云南世博集团有限公司答辩认为:昆明世博园属于昆明世博园股份有限公司,应由昆明世博园股份有限公司独立承担责任。

被上诉人昆明世博园股份有限公司答辩认为:价格法赋予了企业自主定价权,上诉人享受不到优惠门票,以个人主观心理感受代替客观社会评价标准。没有任何法律规定,消费者在消费时支付的对价都必须是完全一样。完成消费活动需要经营者和消费者配合,消费者强迫经营者按自己提出的条件消费也违背了自愿原则。请求维持一审判决。

昆明市中级人民法院二审查明的事实与一审相同。

昆明市中级人民法院认为：昆明世博园有限公司是一有限责任公司，作为市场经营的主体，在不违反法律和法规规定的前提下，其必然追求经营利益的最大化，在此基础上，昆明世博园有限公司有权在法律法规规定的范围内自主定价。在本案中，世博园的门票价格实行的是政府指导价管理，世博园可以在价格主管部门指定的最高限价范围内，自主确定实际执行的门票价格，对其经营行为和营销手段，人民法院的审判权不能进行干预。在旅游节这一特定的时间内的定价，被告没有损害其他经营者的合法权益，扰乱社会经济秩序的不正当竞争行为。米龙的权利并没有因为其支付了100元的票价而受到侵害，其利益并没有损失。《消费者权益保护法》中规定了平等、公平交易的基本原则，平等、公平交易并不等于要对每一消费者提供相同的消费价格。换言之，权利上的平等不等于价格上的等价。上诉人米龙认为经营者没有平等对待消费者不能成立，一审判决认定事实清楚，适用法律正确，对案件的分析紧扣了米龙一审的诉讼主张，应予维持。依照《中华人民共和国民事诉讼法》第一百五十三条第一款第(一)项之规定，判决如下：

驳回上诉，维持原判。

柳秀芳与南方日报社名誉权纠纷案一审民事判决书

广东省汕头市龙湖区人民法院

(2004)龙民一初字144号

原告：柳某芳。

委托代理人：马俊强，广东海鸿律师事务所律师。

被告：南方日报社，住所地广东省广州市广州大道中289号。

法定代表人：范以锦。

委托代理人：梁香禄，该报社法务室副主任。

委托代理人：尹鹏，该报社法务专员。

原告柳某芳诉被告南方日报社侵权纠纷一案，本院于2004年3月3日立案受理，依法组成合议庭，公开开庭进行了审理，原告委托代理人马俊强、被告委托代理人梁香禄、尹鹏到庭参加诉讼。本案现已审理终结。

原告诉称：原告通过汕头市邮政局订阅了被告出版发行的2004年《南方都市报》，并按照该报的统一定价支付了订阅期间应付的全部订报费。今年1月，原告发现每天收到的《南方都市报》是一份版数残缺、内容不全的报纸，经查看，发现在该报第一版有几行小字，标明该报在不同地区发行的不同版数，从中可见"其它地区"（包括汕头地区）与广州等地区相比，版数通常要差别十几到几十个版面。被告对不同地区的《南方都市报》订户采取不同对待,即广州和被告指定的一些地方(例如深圳、珠海、中山、东莞等地)的订户收到的《南方都市报》的版数多,而被告标明的"其它地区"的订户所收到《南方都市报》的版数通常比前两者大幅度减少,换句话说,"其它地区"的消费者所得到待遇比广州和被告指定的一些地方的消费者所得到待遇要差得多。原告作为消费者,与广州的消费者并没有实质性的差别,都是按照被告厘定的统一价格支付全额订报费,理应收到同等数量和质量的《南方都市报》。然而,被告却对消费者实行同价不同货的做法,削减"其它地区"消费者所订《南方都市报》的版面数量和内容,其行为实际上已对原告构成了消费歧视,侵犯了原告的名誉权和财产权。被告的上述行为违反了《中华人民共和国民法通则》第一百零六条和《中华人民共和国消费者权益保护法》第四条、第十条等法律规定,因此原告提起诉讼,请求依法判令:一、被告立即停止侵害,纠正其对"其他地区"的《南方都市报》订户所采取的消费歧视行为,以确保原告今后从汕头市邮政局收到的《南方都市报》在版数和内容上与广州地区订户所收到的《南方都市报》相同;二、被告赔偿原告经济损失人民币25元(按每向原告发送一份残缺的《南方都市报》赔偿人民币0.5元计算,暂计至2004年2月29日止,实计至被告停止侵害之日止);三、被告向原告赔礼道歉,并在《南方都市报》上公开刊登道歉启事(因本案涉及社会公众利益，道歉启事内容须经法院和原告审阅和认可）；四、被告负担本案的全部诉讼费用。

原告在本院指定的举证期限内提交以下证据：

1. 中华人民共和国居民户口薄一份，用以证明原告的主体资格；

2. 企业登记资料一份，用以证明被告的主体资格；

3. 中国邮政报刊订阅凭证二份，用以证明原告订阅《南方都市报》情况；

4. 2004年1月1日至2004年2月29日《南方都市报》及其发行版数标注，用以证明被告侵权情况。

被告辩称：一、原告所述有悖于事实真相。《南方都市报》始终按照法律法规核定的版数依法发行办报。广东省新闻出版局核定《南方都市报》每日发行版数为24版。《南方都市报》自发行以来，不但不存在区别消费者待遇的发行方式，而且在充分考虑到消费者利益情况下，采用一种超过核定版数的方式发行，这种发行方式是企业自主行为，不违背法律规定。二、原告的起诉理由缺乏法律依据。首先，被告在每期发行的《南方都市报》显著位置标明了《南方都市报》在各地发行的不同版数，被告没有隐瞒任何事实的故意，不存在侵权的过错。其次，《南方都市报》的发行方式完全合法，被告没有侵权违法行为。从公平交易而言，被告在销售《南方都市报》时，已经作出了明确表示,消费者完全具有购买的自由决定权,如果消费者认为被告的发行方式侵害了其合法权益,完全有权选择不购买,原告在完全自愿的情况下购买了《南方都市报》,被告没有侵害其公平交易权。三、《南方都市报》的发行方式是企业自主管理权的体现。针对不同地域消费者发行不同版数报纸的方式,完全是企业自主管理的体现,也是各大报业集团的做法。被告作为一家企业化管理的事业单位,享有在法律规定范围内的自主经营权。在不违反法律规定的前提下,被告可以针对市场实际情况,采用灵活机动的发行方式。《南方都市报》的发行方式并无任何不合理、不合法之处。原告起诉被告没有任何道理,更无任何法律依据。因此,被告请求法院驳回原告的诉讼请求。

被告在本院指定的举证期限内提交以下证据:

1. 中华人民共和国报纸出版许可证一份,用以证明《南方都市报》常规版数、法定版数为24版;

2. 2004年6月25日、26日《广州日报》;

3. 2004年6月19日、25日《光明日报》;

4. 2004年6月26日《羊城晚报》;

5. 2004年6月24日《信息时报》;

6. 2004年6月16日、18日《青岛早报》。

被告提供的证据2、3、4、5、6用以证明国内绝大多数报社均在不同地区发行不同的版数的报纸。

经开庭质证,原告对被告提交的证据1不持异议,对证据2、3、4、5、6持异议,认为与本案无关,不能作为本案认定事实的依据。被告对原告提交的证据1、2、3、4的真实性均不持异议。

本院对当事人没有异议的证据予以认定。

经审理查明:《南方都市报》是南方日报社经中华人民共和国新闻出版总署批准出版、发行的一种日报。广东省新闻出版局核准《南方都市报》的开版为4开24版。《南方都市报》每份零售价为人民币1元。《南方都市报》每日不少于24版发行,同时在头版标明了各地发行的版数,被告对广州等处于珠江三角洲地区(以下简称珠三角)城市发行的《南方都市报》版数一般比对被告标明的"其他地区"发行的《南方都市报》版数多。

2003年11月20日,原告在汕头市邮政局订阅2004年1月1日至2004年3月30日的《南方都市报》,支付了人民币90元。2004年1月30日,原告续订2004年4月1日至12月31日的《南方都市报》,支付了人民币270元。原告的订阅地属于被告标明的"其他地区"。原告认为被告对不同地区发行不同版数报纸的行为侵害了其名誉权和财产权,遂诉至本院。

本院认为:侵犯财产权与侵犯名誉权均系一般侵权行

为。一般侵权行为是指行为人由于过错侵害了他人的财产、人身,依法应承担民事责任的行为。

原告订阅《南方都市报》是其自主选择的结果。《中华人民共和国消费者权益保护法》第四条规定"经营者与消费者进行交易,应当遵循自愿、平等、公平、诚实信用的原则",第九条规定"消费者享有自主选择商品或者服务的权利。消费者有权自主选择提供商品或者服务的经营者,自主选择商品品种或者服务方式,自主决定购买或者不购买任何一种商品、接受或者不接受任何一项服务",当各地发行的版数不同时,《南方都市报》在其头版都标明了发行的版数,因此,原告在订阅该份报纸,特别是在2004年1月30日续订时应当知道《南方都市报》存在针对不同地区发行不同版数的情况。为此,原告选择订阅《南方都市报》,应视为其自主选择。原告的这种自愿选择不违反法律的强制规定,法律不应当干预,原告自己也不应当事后反悔。

被告在本案中的发行行为符合公平交易的法律规定,且不违反现行法律的禁止性规定。《中华人民共和国消费者权益保护法》第十条规定"消费者享有公平交易的权利。消费者在购买商品或者接受服务时,有权获得质量保障、价格合理、计量正确等公平交易条件,有权拒绝经营者的强制交易行为",《南方都市报》的核定版数为24版,原告支付订价后每日获得的《南方都市报》的版数均不少于24版,故应认定被告已履行了法定义务,符合《中华人民共和国消费者权益保护法》关于公平交易的规定。对于被告超过核定版数发行部分的报纸,具有对消费者赠与的性质。被告作为自主经营的市场主体,有自主选择对不同地区消费群体进行赠与的权利,法律对这种权利的行使并没有作禁止性规定,对不同地区读者的赠与行为,并不违反法律的禁止性规定。

原告认为其支付了相同的订价而没有获得与珠三角城市读者同样版数的《南方都市报》,被告就对其构成消费歧视的推论是不正确的。汕头和珠三角城市处于不同的地区,地区间存在消费种类与总量、经营者竞争程度、经营成本等的差别是应当正视的事实。在市场经济条件下,被告为吸引和培养自己的消费群体、在同业竞争中获胜、获取最大的利润而采取针对不同地区发行不同版数《南方都市报》的做法,并没有使消费者失去基本的消费权,不违反相关的法律规定,亦不构成对消费者的歧视,原告"同价同货"的言论,忽视了汕头与珠三角城市地区差别的存在,从而忽视了这种地区差别所潜在的赠与差别的合理性。原告以"同价应同货"为前提,推断出被告侵害其财产权和名誉权,理由和证据不足。

被告在不同地区发行不同版数《南方都市报》的行为,也不符合一般侵权行为的构成要件。一般侵权行为的构成必须同时具备四个要件,即加害行为的违法性、损害事实、加害行为与损害之间的因果关系以及行为人的过错,行为人才承担相应的民事责任。反之,缺乏任何一个构成要件，则不构成侵权行为，行为人也不承担任何民事责任。综观本案事实，被告的行为符合公平交易的法律规定，并不违反现行法律的禁止性规定，其行为本身并没有过错，也即不具备行为违法性要件，原告也没有提供被告此行为对其造成损害的证据，不能认定损害事实的存在。因此，根据本案事实，无法认定被告的行为构成对原告财产权和名誉权的侵犯。

被告关于其行为是对消费者的赠与行为及其不存在侵权违法行为的主张，理由成立，本院予以采纳。

综上所述，原告的诉讼请求，证据不足，理由不充分，应予驳回。依照《中华人民共和国民事诉讼法》第六十四条第一款之规定，判决如下：

驳回原告柳某芳的诉讼请求。

案件受理费人民币150元由原告负担。

如不服本判决，可在判决书送达之日起十五日内，向本院递交上诉状并按对方当事人人数提交副本，上诉于广东省汕头市中级人民法院。

审判长　辜洪珊

审判员　纪维忠

助理审判员　陈海凌

二〇〇四年九月二十八日

海 葵 第一起案件"米某诉世博园案",是一起传统的价格歧视。米某作为消费者,认为世博园对于省内和省外居民差异定价侵犯了其公平交易权。不过,一审法院的判决结果认为,"原告与云南省本地普通消费者确实是不平等的",但"我国尚无法律规定,在进行同一类消费时,所有消费者享有的待遇都应是相等的,支付的对价都应是一致的,经营者不能给予不同的消费者不同的权利。"二审法院则进一步阐明,"《消费者权益保护法》中规定了平等、公平交易的基本原则,平等、公平交易并不等于要对每一消费者提供相同的消费价格。换言之,权利上的平等不等于价格上的等价。"

而在第二起案件"柳某诉南方日报社案"当中,柳某同样是消费者,其认为受到的价格歧视则是《南方城市报》在不同地区发行的版数不同(但均未少于核定版数24版),因此,其支付了相同的价格但未获得同等的货物。法院在此案当中认为,消费者权益保护法并未禁止自主经营的市场主体自主挑选对不同地区消费群体进行赠与的权利。这并未违反法律的禁止性规定。

这两起案件都不涉及算法问题。涉案商品一个是世博园门票,另一个是报纸。由于门票价格是公开的、报纸版数也是公开的。所以,"价格歧视"的举证毫无困难。但在这两起案件当中,我们能够发现:其一,争议各方援引的均为"消费者公平交易权"问题;其二，法院均认定，"法无禁止即为许可"；其三，法院认定，公平交易并不要求对消费者提供的货物、价格完全相同，毫无差异。

所以，从上面两起案子当中，我认为可以推知，即便消费者能够证明，前两个案子当中的确存在商家蓄意歧视，法院也未必会判决消费者胜诉。法院完全可能遵循后两起案例的逻辑，认定小幅度价格波动不属于违反公平交易权的行为。

鱼老师　很好！那么，我们的案例研究现在就走回了"实体法律研究"的正轨啦。

/ 第七幕　总结 /

鱼老师　刚才我们已经把"算法价格歧视"和"价格歧视"相关的案例进行了汇总。下面我们来总结一下。龙虾，你来说说，我们刚刚对案例的整理，共有哪些注意事项？

龙　虾　首先，高度精炼地提炼当事人身份。其次，注意请求权基础，即法院是基于什么法律基础断案的。最后，注意举证责任分配问题。

鱼老师　珊瑚，你接着讲，上述四起案例的分析，你能够总结出什么？

珊　瑚　我能总结出三个要点：其一，在消费者诉商家价格歧视的场景下，法院更加倾向于通过"公平交易权"断案。但不同消费者价格有差异这一事实并不足以证明价格歧视的存在。

其二，法院认为举证责任在于消费者。对于传统型的价格歧视，证明歧视的存在不难，但在电商语境下，证明歧视存在很难。

其三，法院其实也遭遇了请求权基础难题。后两起"传统"的价格歧视案当中，法院认定合同关系的存在毫无障碍。但在前两起案件当中，正是由于"电商平台"的存在，法院甚至难以根据合同关系认定双方权利义务，而仅能根据《侵权责任法》断案。但法院又并未避讳对于公平交易权的审理。

鱼老师　海葵，最后一个困难的问题留给你：如果将上一周的"整理法条"与本周的"整理判例"相结合，你能得出什么结论？

海　葵　老师，给我5分钟，我翻翻上节课的笔记。

（5分钟后）

好啦，我懂了！

对我国法律进行分析可知，我国《消费者权益保护法》

对于消费者与价格相关权益主要进行了如下规定：该法第 8 条当中界定了消费者的知情权，即消费者有权得知商品的价格。法律在此的要求是"真实"，即消费者有权获知商品的真实情况。第 10 条当中界定了消费者的公平交易权。具体到价格问题，消费者有权获得"合理"的价格。但其中对于何为"合理"并未明示。而综合对我国判例的研究可知，不论何种价格为"合理价格"，法院均不承认"消费者之间存在差异"的价格"不合理"。此外，在实务当中，《消费者权益保护法》能否适用于"个人起诉电商平台"类争议尚有疑问。

如果说《消费者权益保护法》是基于"消费者"这一身份进行的保护，那么，《电子商务法》和《个人信息保护法》就是基于"算法"这一营销手段进行的规制。具体来讲，《电子商务法》一方面允许经营者基于消费者个人信息（如兴趣爱好、消费习惯）进行营销；但另一方面要求其必须提供"不针对其个人特征"的选项，即非个性化选项。与之类似，《个人信息保护法》同样要求经营者"利用个人信息进行自动化决策"必须提供"不针对个人特征的选项"，但其中同时赋予了经营者避免就交易价格实施"不合理的差别待遇"的义务。在实务当中，似乎当事人并不愿意援引《电子商务法》，这或许是由于当事人对于该法律规定能否保证其利益完全没有信心？

鱼老师　好，经过三位同学三周的共同努力，我们现在已经就算法价格歧视问题的现实、法律与判例进行了有效的整理。现在我国现状已经"水落石出"了。接下来，你们认为学术研究应该怎样继续进行？

珊　瑚　我认为，应该看看其他学者如何看待这个问题了！对了，老师，为什么你到现在为止都没让我们去阅读其他学者的著述？

鱼老师　呀，被你发现了！其实原因很简单，我一般在此阶段也不看学者著述；否则，很容易被其他人的论文思路给带跑啦。不知道你们有没有过这个经历？"看甲的论文感觉有道理，看乙的论文也感觉有道理，但甲和乙论点是完全相反的！"

龙　虾　哈哈哈，耙耳朵！

鱼老师　不过，当我们已经对问题有了一个初步的了解了，就可以去看学者著述啦。本周的任务是，你们三个各去寻找一下文献，我们下节课进行一个回顾！

珊瑚 & 龙虾 & 海葵　好！

第三周

1. 研究案例的意义:探讨法律的具体解释方式;从实证研究中发现问题。
2. 案例研究方法:关心说理而非胜诉败诉。
3. Tip:将案例与法条结合阅读,以及注意案例间异同的总结。

第四周
文献回顾与综述

/ 第一幕　我们为什么要进行文献综述？/

鱼老师　同学们好，咱们又见面啦。咱们这节课来进行文献综述的练习。不过，在上课之前，我们需要解决一个基础问题：咱们为啥要进行文献综述？海葵，这个问题你先来回答：你从前在什么场合做过大规模文献综述？

海　葵　开题！确切地讲，是硕士论文开题阶段。当时，我们院研究生办公室就要求提交文献综述，还要求详细列明读过的所有文献。

鱼老师　哈，那么你列了多少？

海　葵　73 条！不过，这是中文、外文、判例、条约都加上的数字。

鱼老师　那么，你认为，我们为什么要求研究生提交文献综述呢？

海　葵　我觉得，最直接的原因是院里不想让我们拍脑袋定选题，至少得保证研究生读过文献才敢开题。不过，如果从学术研究角度分析，进行文献综述的目的，实际上服务于毕业论文写作的下一个环节——"本选题的创新性"。师弟师妹请注意，我们的硕士论文引言部分，要包含一个"国内外研究成果综述"部分，这部分之后紧接着就是"本论文选题创新性"。换言之，只有综述了其他学者的研究才敢说：我的研究是有基础的，我的研究是创新的。其他学者都没研究过的内容，我研究过了！

鱼老师　很好，你未来的博士论文也得这么写。海葵同学说得很对，咱们做文献综述，固然有"从他人论文里汲取素材"这么一个功能；但更重要的是，在论文下笔之前，咱们必须保证，我要写的这个观点，是前人从未写过的。或者说，咱们在选题阶段提出的那个问题，是其他任何学者此前都未曾解决过的。只有这样的选题才是有意义的。

顺便问一句，海葵同学，你此前写论文，有没有遇到过这么个现象：碰到一个"绝世好题"，兴冲冲地想要写，结果发现这个题目已经被大牛写过了，而且写得特别好？

海　葵　遇到过！我好伤心！感觉损失了 1 个亿！

鱼老师　没事，我也遇到过。习惯就好。其实，比"动笔之前发现大牛写过这个题目"还要惨的现象也不是没有，你们猜是啥？

龙　虾　我知道！是"刚写完论文还没投出去，就发现大牛写的同一个题目的论文发表了！"

鱼老师　对。所以，文献综述的必要性，还体现在避免与他人的研究成果重叠，以免做无用功。

那么，咱们言归正传，大家都已经搜索过相关文献了，对吧？

珊瑚 & 龙虾 & 海葵　对！

鱼老师　好，那么咱们继续上课！下一个问题：如何做文献综述？

/ 第二幕　文献整理技巧：如何做笔记？/

龙　虾　老师，我觉得我不咋会做文献综述。我的问题在于，论文看完了就忘。看完第一篇感觉很有道理；看完第二篇就忘了第一篇说的是啥；看完第三篇又忘了第二篇……

鱼老师　……做笔记了没？

龙　虾　没？我做啥？

鱼老师　好吧，咱们从头讲。龙虾同学，至少论文你是能看懂的，对吧？

龙　虾　能。

鱼老师　好，那么，你来跟我说说，看论文要怎么看？

龙　虾　老师，这个我会！看论文首先要看摘要，掌握作者的主要论点。然后读论文大标题，理解作者思路。最后再从头到尾读一遍，把我认为对自己写作有用的东西标记出来。如果发现某个段落是论证观点的核心段落，就多读几遍。

鱼老师　很好，看来你本科时至少认真读过论文了。那么，你的问题应该不在于基础知识有瑕疵，而是在于容易被作者思路带偏。而这个问题，恰好是能够通过做笔记得到解决的。具体方式其实非常简单。一篇笔记的结构应该是：观点——论证——出处。

　　　　来，咱们模拟一遍。龙虾，你拿一篇印象最为深刻的论文给我？

龙　虾　好的！我比较喜欢理论探讨，所以，我非常喜欢洪丹娜老师的这篇论文——《算法歧视的宪法价值调适：基于人的尊严》[①]。这篇论文论述的虽然并不限于算法价

---

① 洪丹娜. 算法歧视的宪法价值调适：基于人的尊严[J]. 政治与法律，2020，No. 303(08)：27-37.

格歧视，但我认为算法价格歧视也属于算法歧视。而且，洪老师论文当中也明确论及了价格歧视问题。

鱼老师 那么，这篇文章的主要观点是什么？

龙　虾 论文摘要里就有！"人的尊严应进入算法应用的正当性论证之中。""算法歧视缺乏对人的多样性的包容，背离了人的尊严的价值内核、价值目的和价值意蕴。""治理算法歧视……应强调人的尊严的价值归依，要求把维护人的尊严作为科技发展的最高价值，强化国家对人的尊严的保障义务，制衡算法权力对人的尊严的侵蚀，在特定重大领域审慎使用算法决策系统。"

鱼老师 用你自己的话概括呢？

龙　虾 一句话，人的尊严要求限制算法歧视这种现象！

鱼老师 非常好！那么，你认为，这篇论文和咱们要研究的主题有何关联？

龙　虾 我认为，可以用来证明，算法价格歧视这事儿不对，得管。原因是，我们需要维护人的尊严。

鱼老师 好。那么，你认为，这篇论文当中，可能与我们将要写作的论文直接相关的内容是什么？举几个例子就行。

龙　虾 好。我认为，洪老师提出了两个论点对我们具有借鉴意义。其一，"国家对人的尊严的保障，既有消极层面的保障义务，也不应忽略积极层面的责任承担。"所以，应当通过立法对算法歧视进行规制。其二，"算法规则的设计直接以个别化的方式来建构，这与平等的一般原理明显相悖，缺乏正当性基础，如"大数据杀熟"中的"价格歧视"恰恰是针对"特定"和"个别"的主体进行特殊调整"。此处，作者特别提及了价格歧视。

鱼老师　可以了。那么，接下来，你按我说的做：打开一个空白文档，将其命名为"文献综述"；随后第一行敲进去"规制算法有利于保障人的尊严这一价值"。敲完了没？

龙　虾　完啦。

鱼老师　好，然后，把这行字设为二级标题。会不会？

龙　虾　会！老师，我要不要开启大纲模式？

鱼老师　你连这个都会？

龙　虾　嘿嘿，老师，不就是先点击"视图"再选择"大纲"么？我们平时用的模式是"页面"。当然，如果您不介意，我在"页面"模式下开启导航窗格效果也是一样的。或者，在 WPS 界面右下角也有直接选择大纲模式的快捷按钮。

鱼老师　不错不错，计算机二级肯定过了！你用哪个模式都行。总之，你从论文当中概括出来的观点应当作为一个标题存在。然后，在标题下面另起一行，敲进去具体论述的句子。这个句子如果是你对文献的概括,则不用引号;如果是你复制粘贴作者原文,则加引号。你猜猜为啥?

龙 虾 我知道,方便写论文时引用!

鱼老师 正确!最后,在"具体论述的句子"后面加上正确的引注。引注格式会调不?

龙 虾 会啊,老师!中国知网搜索论文,在页面上有一个小小的"引号"标志,点一下就能看到正确的引证。

鱼老师 没错!好,上面三个步骤后,一个完整的笔记就做好了。如果一篇论文当中有 N 个要点,那么,每个要点都按照上述程序去做。尤其是引证,千万要紧跟正文!你猜猜为啥?

龙 虾 方便引用。

鱼老师 没错。那么,你继续把刚才那篇论文的笔记做完。

龙 虾 好的!

规制算法有利于保障人的尊严这一价值

"国家对人的尊严的保障,既有消极层面的保障义务,也不应忽略积极层面的责任承担。",所以,应当通过立法对算法歧视进行规制。——洪丹娜

> **算法价格歧视有违平等的一般原理**
>
> "算法规则的设计直接以个别化的方式来建构,这与平等的一般原理明显相悖,缺乏正当性基础,如'大数据杀熟'中的'价格歧视'恰恰是针对'特定'和'个别'的主体进行特殊调整"。——洪丹娜

龙　虾　老师,您看我做的对吗?

鱼老师　很好!最后一个问题,你猜猜我为什么让你把作者核心观点以"标题"的形式呈现在文献综述当中?

龙　虾　方便生成目录?毕竟,不论是在 word 还是 wps 当中,我唯一设置标题的场景就是要生成目录。我也想不出来"设置标题"还有什么功能了。

鱼老师　差不多!其实,在开启了"导航窗格"或者大纲模式的情形下,你是否生成目录已经不重要了。你去看看,现在你读书笔记的"导航窗格"中出现了什么?

龙　虾　哈,出现了我刚才概括出来的那俩标题!

鱼老师　那么,假设,你现在要做第二篇文献的文献综述。

龙　虾　嘿嘿嘿,明白啦,合并同类项!比如第二篇论文如果也谈到了"平等"问题,我就直接把类似的论述给复制到"算法价格歧视有违平等的一般原理"这个大标题下面。或者,如果第二篇论文的观点与第一篇完全

相反，我就重新起一个大标题，放到相反的那个观点正下方，这样就可以一目了然啦。反正按照老师您刚才的说法，每一段引证后面我也是要标注出处的。这么弄绝对不会乱套。

鱼老师 你很聪明！事实上，文献综述当中的标题很可能不止一级。我举个例子，假设你又读了一篇文献，那篇论文的观点是"算法价格歧视不违反平等权"，那么，你完全可以把标题设置成这样：

- 算法价格歧视与平等权的关系（一级标题）

- 算法价格歧视有违平等的一般原理（二级标题，后面加具体内容和引证）

- 算法价格歧视不违背平等权（二级标题，后面加具体内容和引证）

龙　虾 好，懂啦！

鱼老师 好的，那么咱们换个人来练习一下。珊瑚，你还看了什么文献吗？

珊　瑚 当然！我恰好也读过一篇关于平等权的论文：《算法歧视挑战下平等权保护的危机与应对》①。按照您刚才讲过的文献综述方法，我来接着龙虾同学的继续往下做：

---

① 崔靖梓. 算法歧视挑战下平等权保护的危机与应对[J]. 法律科学（西北政法大学学报），2019，37（03）：29-42.

> **算法价格歧视有违平等的一般原理**
>
> "算法规则的设计直接以个别化的方式来建构,这与平等的一般原理明显相悖,缺乏正当性基础,如'大数据杀熟'中的'价格歧视'恰恰是针对'特定'和'个别'的主体进行特殊调整"。——洪丹娜
>
> "人工智能算法的广泛应用在将来可能会产生针对特殊主体的个体性规则,这种规则会在突破法的一般性的同时造成实质的不平等。法律面前人人平等的理念被这种个体性规则所冲击"——崔靖梓

老师,您看是这样吧?

鱼老师 对!相当于"合并同类项"了,也算是对刚才咱们讲过的方法进行了一个复习。不过,珊瑚同学,我需要问你一个问题了:你还记不记得,刚才我和海葵同学在讨论时曾经提及文献综述的功能是什么?

珊　瑚 记得啊,回顾文献,看看我们发现的这个问题是否已经有人提出解决方法了?

鱼老师 对。所以,我们接下来进入"观点比照阶段",即用批判的眼光来读论文,一方面,吸取其中有价值的部分;另一方面,分析对方是否解决我们提出的这个问题。

珊　瑚 老师,我多问一句,刚才我和龙虾做的一点点文献综

述，貌似并没有直接解决咱们提出的问题："算法价格歧视犯众怒但不违法"。反而强化了这个问题的矛盾性。毕竟，算法歧视都违背平等权了，咋还"不违法"呢？您看，做文献综述时，要不要记录下来上面这些"强化问题"但不"解决问题"的文献？

鱼老师 要啊。你猜猜，这些文献有什么用呢？

珊　瑚 老师，如果您肯定这些文献有用的话……那么，我会把这些文献用在论文开头，用来证明此问题值得研究！或者用于证明"犯众怒"的普遍性？

鱼老师 非常好。那么，咱们继续？

珊　瑚 好的！

/ 第三幕　文献阅读技巧：沿着你的主题阅读与整理 /

鱼老师 龙虾同学，还记不记得你曾经提出过一个问题：你记不住文献？读了第二篇记不住第一篇，读了第三篇记不住第二篇？

龙　虾 记得啊。可是，老师，这个问题难道不是应该通过"记笔记"解决吗？就是咱们刚才整理的那个"标题+内容+引证"的笔记？

鱼老师　当然。记笔记的确是加强记忆的一个方法。但是，我再问你，一篇文献多少字？

龙　虾　一万？

鱼老师　对。也就是说，十篇文献十万字，约等于一篇博士论文的长度。你觉得你能全记住吗？

龙　虾　记不住啊。

鱼老师　没事，我也没要求你记住。事实上，对于文献，你甚至都没必要全读。我打个比方，给你一块西瓜，你会把皮吃掉吗？

龙　虾　当然不会。

鱼老师　可是，你听没听说过，西瓜皮晾干了其实是一味中药，可以治疗暑热？

龙　虾　老师，我不热！我吃西瓜是因为它好吃，不是因为它能治病。让我吃西瓜皮，我还不如去喝藿香止气水。

鱼老师　很好，其实读论文也是同理啊。你只读"你需要读"的部分就行了。其他部分不论写的多么好，对你其实都是没啥用的。只不过，正如你吃西瓜需要睁着眼睛吃，以防连皮带瓤都吃下去；看论文时，你也至少需要把全文瞅一遍，以免断章取义。咱们刚才讨论的"不需要全读"，仅仅是指"精读"，泛读还是要的。

龙　虾　懂啦。

鱼老师　来，珊瑚，咱俩给龙虾同学演示一番。还拿你刚才读过那篇《算法歧视挑战下平等权保护的危机与应对》做示范，行不？

珊　瑚　好啊。

鱼老师　这篇文章你读过之后，发现其中哪些内容与咱们要论述的主题——算法价格歧视为什么不违法直接相关？或者，沾边儿就行？

珊　瑚　嗯，这篇文章大部分内容其实论述的是算法歧视究竟如何违反了平等权，至少前三部分如此。我觉得，这个主题当然很有价值，但和我们要论证的内容关系不大。"违反平等权"是"法理"层面的内容；而"不违法"是实践层面的内容。所以，论文前三部分对我们这个主题的参考意义不是很大。真正参考价值比较大的，是作者的"解决问题"部分——危机的应对：平等权保护的新路径，即论文第四部分。在这部分当中，作者提出了如下几个很有意思的观点：

其一，差别性影响标准或许可以成为协助认定算法歧视的工具。此处的"差别性影响"，是指"与合理考量因素不相关，但是与敏感因素（如种族、性别等）有因果关系的结果"。作者认为，差别性影响标准由于不需要考虑行为动机，仅需考量歧视结果，所以，很适合用于分析算法歧视的存在。

其二，作者提出，应当通过规制算法本身实现反歧视目标。不过，作者也提出，要求算法完全透明是不现实的，也不利于企业知识产权保护。

我在此需要说明一下，以上两个"有意思的观点"，并不是作者的阐述顺序。作者的思路比我讲得复杂多了。我只是觉得以上两个观点对我们要论述的主题有价值。

鱼老师 我就问一个问题，全篇你看懂了没？

珊 瑚 看懂了，绝对没发生断章取义，比如把作者要批判的观点当成作者自己的观点加以引用啦。

鱼老师 那就没问题了。你"跳着看"和"跳着整理"都没毛病。

来，珊瑚，你继续讲，你为什么觉得以上两个要点有意思？

珊 瑚 首先，第一个观点有助于对歧视的识别，即什么行为构成歧视。考虑到我们此前分析案例的时候，某些法院认为"差异性定价"不存在歧视，所以，我想用作者提出的这个标准分析一下算法价格歧视算不算歧视。但，分析过程却给了我一个新思路哎：这个"差别性影响标准"，谈的是"基于敏感因素进行的歧视"，且"敏感因素与需要考量的内容无关"。那么，所谓"敏感因素"究竟包括什么？作者提及了种族与性别，但这是否属于穷尽性列举呢？我觉得应该不是，但除此之外是否还会包含"消费者身份"？作者没有给出回答，但我认为这应该也是进一步探索的思路之一。

鱼老师 很好！这就是"站在巨人的肩膀上思考问题"的一个典范。那么，你可以把这一条记录下来啦。注意，不仅仅记录文献作者的阐释，把你对此的思考也一并记录下来。如果你怕弄混了，比如未来阅读时忘掉了哪一句是作者的阐释哪一句是你的质疑，你可以在记录的时候做个标记。比如，我习惯的方法是，将质疑标黄。我也曾见过有些同学用批注的方式标记质疑。这都没问题。

珊　瑚 好哒。那么，我继续讲我的第二个发现了？作者认为应当规制算法、但不应通过"算法透明"解决问题。我对此完全赞同，但我觉得，作者似乎言犹未尽：除了"算法透明"，还可以怎么规制算法呢？

鱼老师 好，这一点也可以记下来。你还有什么发现没？

珊　瑚 没啦。

鱼老师 所以，一篇14页的文献，我们只需记住它的几个要点就可以了。读文献其实不难，对吧？

龙　虾 对！

鱼老师 珊瑚，那么你继续演示一下？上面两个要点，如果要你做笔记的话，你的笔记可能是啥样的？

珊　瑚　**可以引入差别性影响标准。**

差别性影响标准或许可以成为协助认定算法歧视的工具。此处的"差别性影响",是指"与合理考量因素不相关,但是与敏感因素(如种族、性别等)有因果关系的结果"。作者认为,差别性影响标准由于不需要考虑行为动机,仅须考量歧视结果,所以,很适合用于分析算法歧视的存在。(崔靖梓)

规制算法有助于对抗算法歧视,但手段是个问题。

作者提出,应当通过规制算法本身实现反歧视目标。不过,作者也提出,要求算法完全透明是不现实的。也不利于企业知识产权保护。(崔靖梓)

鱼老师　所以,咱们接下来继续去读文献,就可以在这个基础上累加了?

珊　瑚　好的!其实龙虾同学刚刚读过的那篇文献,我也读过啊。而且,我认为,那篇文献足以在我上面的笔记上进行累加。洪丹娜老师有过这么一段论述:"应适度增强个人权利的配置,尤其是注重个人数据权利(包括被遗忘权、数据可携带权等新兴权利的保护),赋予算法解释请求权,为个人对抗算法权力提供必要的救济通道。"我认为,这一段可以补足上述"手段"问题的不足:通过个人数据权利保护以对抗算法。例如,洪老师提及的被遗忘权,就意味着消费者可以要求商家删除过往交易信息。这样,至少对于这个消费者而言,商家就不会掌握关于他的大数据啦。那就更不可能存在"大数据杀熟"了!

所以,我上文的笔记,现在又可以变成这样:

> **规制算法有助于对抗算法歧视,但手段是个问题。**
>
> 作者提出,应当通过规制算法本身实现反歧视目标。不过,作者也提出,要求算法完全透明是不现实的。也不利于企业知识产权保护。(崔靖梓)
>
> 适度增强个人权利的配置,尤其是注重个人数据权利(包括被遗忘权、数据可携带权等新兴权利的保护),赋予算法解释请求权,为个人对抗算法权力提供必要的救济通道。(洪丹娜)

鱼老师 非常好!也就是说,这两篇文章至少给了你处理"大数据杀熟"的思路。尽管,我们目前还是没有解决核心问题——"大数据杀熟"为啥不违法?海葵,你对此搜索到了啥文献没?

海 葵 搜索到啦。我对这个核心问题其实也有疑惑,所以专门寻找了其他学者的同题论文。例如,章小杉博士生的《人工智能算法歧视的法律规制:欧美经验与中国路径》[①]

---

① 章小杉. 人工智能算法歧视的法律规制:欧美经验与中国路径[J]. 华东理工大学学报(社会科学版),2019,34(06):63-72.

一文，至少从题目上看，就与我们要论述的主题十分贴近。这篇论文虽然论述的是"算法歧视"而非"算法价格歧视"，但在论述当中给了我很多启发。首先，作者提出，算法歧视的规制，"欧盟选择了以数据保护为中心的规制路径，而美国选择了以算法责任为中心的规制路径。"这就给了我一个启示：中国的问题很可能不是中国独有的，欧美既然有"经验"就一定也会有"教训"，它们也会面临同样的问题。论文当中提到，欧盟禁止基于种族、政治观点等信息进行自动化决策。禁止对数据的使用，就自然能够从源头杜绝算法歧视。论文当中同时提到，美国模式是以算法规制为核心。不过，我对此持有保留态度：作者的论据是2019年《算法责任法案》，但这个法案直到昨天还没有变成法律！此外，作者也论及，美国国内也十分反对通过算法透明规制算法，原因之一就是算法属于商业秘密。所以，"以算法规制为核心"究竟能否成立？我对此是有所怀疑的。

除了这篇文章之外，我还读过王鑫老师的《"大数据杀熟"的生成逻辑与治理路径——兼论"新熟人社会"的人际失信》[1]。从"大数据杀熟"这个词也可以看出，作者论述的题材和我们是完全一致的。这篇论文

---

[1] 王鑫，李秀芳. 大数据杀熟的生成逻辑与治理路径——兼论"新熟人社会"的人际失信[J]. 燕山大学学报(哲学社会科学版)，2020，21(02)：57-63.

同样论及，有必要通过限制商家对消费者信息的获取，通过切实保护消费者的隐私，防止"大数据杀熟"的出现。

老师，其实我还读过若干论文，例如刘佳明的《大数据"杀熟"的定性及其法律规制》①、付丽霞的《大数据价格歧视行为之非法性认定研究：问题、争议与应对》②等。然而，这些论文固然论及了大数据价格歧视问题，但解决方法存在一个共性：都认为当前我国法律规定是不健全的。因此，或者建议扩张适用《消费者保护法》公平交易权规则，或者要求《电子商务法》将"大数据杀熟"作为价格欺诈明令禁止，即通过修改现行法律的方式"一劳永逸"地破解"大数据杀熟"问题。这种思路倒不是不行，但我还是有些不甘心：有没有不修改现行法律也能解决"大数据杀熟"的方法？或者说，从"选题"那一刻开始，我就有一个疑惑：对消费者的价格歧视真的要完全禁止吗？

鱼老师 我理解你的担心了，即你从现有的文献中无法获得对于我们刚刚发现的问题的完美解答。对不？

海　葵 对！所以，我觉得，这个题目可以写。如果说"别人

---

① 刘佳明. 大数据"杀熟"的定性及其法律规制[J]. 湖南农业大学学报(社会科学版)，2020，21(01)：56-61、68.

② 付丽霞. 大数据价格歧视行为之非法性认定研究：问题、争议与应对[J]. 华中科技大学学报(社会科学版)，2020，34(02)：95-104.

给出的答案我都不满意",那么,我拿出的新答案一定是具有创新性的,对吧?

鱼老师 对。这也是论文具有创新性的一个手段:观点创新。我顺便问一句,你觉得论文创新性还可能体现为什么创新?

海 葵 这个我很熟!我们硕士论文答辩的时候,我听过同组11名同学依次表达自己论文的创新性!通常来讲,"创新"可以包括资料创新,即我用了全新的资料;观点创新,即我提出了别人没提出的观点;研究方法创新——不过,我硕士导师不建议我们"创新"这个。他说"社会科学发展了几百年,能用的方法早就被用过了"。

鱼老师 说得对!好,咱们回归主题,同学们没再发现什么有价值的文献吧?

珊瑚 & 龙虾 & 海葵 没有。

鱼老师 好的。那么,龙虾,你把刚才咱们的文献综述整理一下;珊瑚,你去整理下今天的听课笔记。咱们今天就到这里,下周再见!

龙 虾 老师老师,等会儿,我还有最后一个问题:这文献综述做的我有点儿不好意思:我咋觉得,我是在"批判这个不好,批判那个不好,然后借以抬高我自己"呢?咱们中国传统道德可不兴"踩着别人抬高自己"啊。

鱼老师　哈，那么你回答我一个问题：你觉得咱们刚刚看过的几篇论文写得好不好？

龙　虾　好啊，至少我都写不出来。人家的语言流畅、结构严谨，发表的刊物也很棒。所以我才觉得不好意思。

鱼老师　你说得对！咱们今天读过的文献都非常棒。不过，我再问你，一位科学家会不会因为前人的发明创造已经很完美了，就不去加以改良？

龙　虾　嗯，不会？

鱼老师　对！"站在巨人的肩膀上"不是让你贬低"巨人"，而是让你在承认"巨人"的高度的同时，将人类知识再向前推进一步。你借鉴了前人，又进行了自己的创造，这又有什么不对吗？咱们吉林大学的校歌可是有这么一句，"人比山高，脚比路长"。校歌可没让你走到路尽头就不往前走啦。

龙　虾　好的，我明白了！谢谢老师！

（作者注：本章限于篇幅，仅就文献综述的具体技巧——整理文献和阅读技巧举例进行了分析，例子的数量实际上远远低于真实论文写作当中文献综述需参考的文献数量。鱼老师本人写作此论文时，阅读过的真实中文文献数量为 49 篇。请读者朋友们在真实的论文写作当中务必做到"文献穷尽"。）

第四周

1. 读文献的功能：从他人论文里汲取素材；反证自己论文的创新性。
2. 文献整理笔记结构：

   观点—论证—出处

   或

   观点—论证1—出处1；论证2—出处2……
3. 读全篇、挑重点。
4. 读文献="站在巨人的肩膀上"，不是不谦虚！

第五周
比较法研究

/ 第一幕　基调：借鉴思路而非方法 /

鱼老师　同学们好，我们又回来讨论论文写作啦。本周我们要讨论一种研究方法：比较法研究方法。请各位同学猜一猜，我们为什么需要这种研究方法？

龙　虾　老师，我知道！因为上节课我们回顾的文献当中，有文献提及"美欧"！而且，咱们还讨论过，那篇文章的"美国"部分引用的立法至今没有通过。

鱼老师　对，这的确是个原因。你还记不记得那篇文章当中是如何介绍欧盟部分的？

龙　虾　我记得啊。那篇文章当中提到欧盟可以通过对个人信息的保护规制算法歧视哎。

鱼老师　你觉得这个法子可行不？

龙　虾　我觉得可行。那么，您的意思是，咱们直接把欧盟治理算法歧视的方法搬过来？这事儿我擅长，我本科就是学英语的，还有二级笔译证书，资料翻译我可以负责。

鱼老师　你先等等，比较法研究可没那么简单。珊瑚同学，你本科时做过比较法研究没？

珊　瑚　嗯，也算做过？我本科的时候选修过一门叫作"比较法导论"的课。老师当时就讲过，"法律移植"绝对不是把外国的制度照抄照搬到中国就完事儿的，不然立法工作可就太简单了。至少需要考虑到中国的法律基础、以及民众对于将要"搬来"的概念的接受程度。否则，要么就是法律在实施过程当中不断爆出新问题，法官无所适从；要么就是法律流于形式，老百姓根本不知道如何去适用法律。我记得，有个最典型的例子就是"信托"，当时老师还专门给我们介绍了一本书：《失去衡平法的信托》。这本书讲的就是信托制度从英美移植到大陆法系国家必然会遭遇水土不服。

鱼老师　珊瑚同学说得对！我们当然不能直接照搬外国制度。至少也需要注意，这个外国制度究竟和中国的法律基础是否合拍。此处尤其需要注意的是，千万不要看到外国有一个概念，中国也有相同的概念，就认为中外对此的认识完全相同，外国制度也可以和中国无缝衔接。一定要深入观察此概念的内涵。哪位同学能够想出一个"名同实不同"的例子?

海　葵　龙?

鱼老师　这虽然不是法学上的概念差异,但的确形象。还有吗?

珊　瑚　我记得,民法课上老师曾经讲过"动产"这个概念,在不同国家内涵不同。例如,有的国家认为蜂房是动产,有的国家认为蜂房是不动产。所以两国对此的法律适用很可能不同。

鱼老师　非常好。除此之外,比较法研究,或者说对外国法的借鉴,还需要注意的一个问题,是"你借鉴的外国法究竟是不是完整的外国法"。这句话说起来有点儿绕,但在现实当中,这个问题很容易出现在学生习作中。举个例子,某同学表示,美国的某某规定意在消费者保护……但是,这位同学不知道的是,与他引用的这个法律相辅相成的,是另一部对其进行限制的法律。

龙　虾　老师,可是这种情况我们怎么去避免啊?尤其是英国、美国……它们不是判例法国家么,我总不可能从头到尾翻一遍它们的判例。

鱼老师　海葵,你觉得这个问题怎么解决?

海　葵　三个方法:其一,读论文,即美国人论述美国法律制度的论文。他们的学者回顾本国法总不至于出大漏子。其二,如果是美国,可以看他们的法律重述。其三，如果能找到比较新的经典判例，直接看判例也可以。判例当中必然会存在对于成文法和先例的回顾。

龙　虾　嗯，师姐，"比较新的经典判例"是啥意思？这不矛盾吗？新东西怎么可能"经典"？

海　葵　师弟，我说的"经典"可不是指《红楼梦》，而是一个领域当中的里程碑式案例。我举个例子，"昆山龙哥案"经典不？

龙　虾　经典啊，我不是刑法专业的都听说过。原来是这样，我懂了！这种案子当然是要看新的！代表司法实践最新动向的经典案例！

海　葵　对！

龙　虾　可是，我还有一个问题不是很明白：就算我理解了外国法究竟是啥样的，我又如何保障这个外国法能与中国的制度对接呢？

鱼老师　从立法者角度来讲，这当然很复杂。但如果是学术研究，实际上有一个非常简单的方法：只借鉴思路而不借鉴具体制度。我举个例子。我家3岁的小朋友想要知道，为什么妈妈去上班时要把头发扎起来，但爸爸不需要扎小辫儿？

龙　虾　嗯，老师，请问孩子爸爸什么发型？

鱼老师　板寸。

龙　　虾　这还不简单！我会告诉宝宝，扎头发是为了不挡住视线；你爸爸头发那么短，扎不扎都不可能挡住视线。再说，给板寸扎小辫儿，你也得扎得起来才行啊。

鱼老师　好，那么具体到比较法研究？

龙　　虾　嘿嘿，懂了。"借鉴思路"，是指"最终目标是不挡视线"，但具体手段是"扎辫子"还是"剃板寸"得根据国情而定。对吧？

鱼老师　对！我们在论文写作当中，只需借鉴对方国家比较抽象的立法思路即可；而具体到我国应当如何实现这一目标，就完全可以基于中国国情去另行建构。这一点，相信你们都做得到！

珊　　瑚　老师，为啥你对我们这么有信心？

鱼老师　因为每年期末考试，法学生都会行使"紧急立法权"。至少我在考卷上没少见到全新的制度建构。

珊　　瑚　……好吧。

/ 第二幕　手段：一手资料研究 /

龙　　虾　好的，老师，刚才您讲的比较法研究总体基调，我听懂啦。那么，咱们具体怎么做？我去下载点关于欧盟和美国的论文，然后翻译出来？

鱼老师 不行！你师姐刚才虽然提及"论文"，但我相信她不是这个意思。

龙　虾 师姐？

海　葵 我要是真这么干，咱导儿得跟我断绝师生关系。

龙　虾 为啥？

鱼老师 因为早在我读博的时候，我导师就明令禁止此种行为。当然，你们师爷爷禁止的不仅仅是"翻译外国人的论文然后放在自己论文里"，也禁止"复制粘贴中国人的论文然后放在自己论文里"。

龙　虾 嗯，是因为学术不端吗？

鱼老师 这其中当然有学术不端的问题，但不仅仅是这个原因，还有一个更重要的原因：写论文一定要看一手资料。珊瑚，你来说说，啥是一手资料？

珊　瑚 就是没被别人分析过的原生态资料。举例来讲，判例是一手资料，某学者做的判例评析就是二手资料。法条是一手资料，某机构出版的法条解析是二手资料。还有，"英文判例"是一手资料，但我本科论文导师说过，"别人翻译成中文的英文判例"算 1.5 手资料。

龙　虾 哈，还有 1.5 手？前面两个例子我懂，这个 1.5 手是咋回事？

珊 瑚 因为译者也可能不完全忠于判例啊,完全可能对此进行加工。龙虾,你是学英语的,对此应该比我清楚。

龙 虾 嗯,对。这种现象在翻译当中的确会发生。有的译者是由于水平太差,把稿子给翻译跑偏了。但也有的译者是喜欢意译,比如遇到英文当中有、但中文当中没有百分之百对应的词汇时,找一个百分之八九十相似的词放到上面。这种现象也叫中英文词汇的不对等性。举例来讲,英文当中的"uncle"你翻译一个试试?那么我懂啦。只要能看得懂英文原文,就别去看翻译版,对吧?

鱼老师 对!话又说回来,你们猜猜,为什么一定要看一手资料?

珊 瑚 这个我知道。因为二手资料必然会有"不准"的问题。例如,有的作者可能基于自身的理解去写论文,但作者的理解会出现偏差。他倒不是故意去犯错,但人总是会犯错的么。我直接援引这份二手资料就会"以讹传讹"。

海 葵 还有一个原因:即便二手资料作者对一手资料的理解是完全正确的,但由于我和这位作者的观点、立场、视角不同,我完全可能从同一份资料当中看出不同的东西。这就好比,一位音乐老师可能认为某个小朋友"唱歌跑调,完全没有音乐天赋";但另一位音乐老师很可能认为,"这个小朋友很有舞蹈天赋,可以去报个芭蕾舞班试试"。两位老师都对,如果第二位老师只听到了第一位老师的否定性评价,就很可能错过一个芭蕾舞天才。

鱼老师 说得都很对!所以,我们进行比较法研究,可以用中外文论文作为"引子",看看他人使用了什么资料,但资料一定要看一手的,且对于一手资料的分析一定要自己做哦。此外,千万别局限于别人引用的资料,千万别是别人用啥你用啥,那才是学术不端呢!

/ 第三幕 例一:欧盟法研究 /

鱼老师 我们首先来进行一个比较简单的研究——欧盟法研究。说它"简单",倒不是欧盟法比美国法简单,而是因为欧盟至少已经有了生效的成文法。由于咱们今天训练的主题是如何进行比较法研究,所以,我就直接给大家提供研究内容了。

珊 瑚 老师,我能不能问问,您的资料从哪来的啊?

鱼老师 其实我还真不是从别人论文当中看到的资料!我这几年一直在从事数字经济规则方面的研究啊。所以,我已经对欧盟法有了一定的知识储备。因此,当我发现有文献提及"欧盟通过个人信息保护处理算法价格歧视",我就大概能够知道这可能是指代哪些内容了,随后只需要从自己的知识储备当中检索出需要使用的资料就行了。这个过程可以打这么个比方:假如有人来跟你说,可以适用《民法典》当中与合同相关的条款处理"违约损害赔偿问题",你大致能不能想到应该去检索哪些条款?

珊　瑚　　能!虽然我不能脱口而出具体条款编号,但我至少知道那几个条款长啥样。可是,老师,我刚刚读研,对数字经济规则一无所知……

鱼老师　　所以咱们这次练习,是由我提供材料,咱们专心做比较法研究啊。不然,如果让你从头开始学习数字法学,恐怕咱们写完"比较法研究"这部分,你都该毕业啦。对了,我顺便问问,海葵,我和珊瑚刚才的对话,你有没有从中联想到什么?我提示你一下,和你的博士论文有关。

海　葵　　嗯,您的意思是,只有对一个领域已经有一定的了解,做科研的时候才能迅速组织起资料?所以,我的博士大论文应该写一个我非常熟悉的领域?

鱼老师　　对!不仅如此,学术研究其实有一个"滚雪球"效应,即你越是熟悉某个领域,就越是容易找到真问题,写出好论文。所以,我十分不赞成今天研究民法，明天研究诉讼法，后天又跑来研究国际法……这种所谓兴趣广泛的研究方法。当然，如果你已经评了教授，我上面那句话请忽视。

龙　虾　所以，老师，我在硕士毕业论文开题之前，应当就一个领域多多了解，而不是想到一个题目就兴冲冲地去开题？

鱼老师　当然！好，咱们继续来看与欧盟法直接相关的资料。

首先，《欧洲基本权利宪章》，这甚至可以说是欧盟个人信息保护的母法。当然，这个结论不是我下的，是欧盟自己说的。比如，《通用数据保护条例》序言第一段就表示：

Recital 1 Data Protection as a Fundamental Right

1 The protection of natural persons in relation to the processing of personal data is a fundamental right.

2 Article 8(1) of the Charter of Fundamental Rights of the European Union (the 'Charter') and Article 16(1) of the Treaty on the Functioning of the European Union (TFEU) provide that everyone has the right to the protection of personal data concerning him or her.

然后，我们继续来看此份《宪章》当中的具体规定：

CHARTER OF FUNDAMENTAL RIGHTS OF THE

EUROPEAN UNION

Article 7 Respect for private and family life

Everyone has the right to respect for his or her private and family life, home and communications.

Article 8 Protection of personal data

1. Everyone has the right to the protection of personal data concerning him or her.

2. Such data must be processed fairly for specified purposes and on the basis of the consent of the person concerned or some other legitimate basis laid down by law. Everyone has the right of access to data which has been collected concerning him or her, and the right to have it rectified.

3. Compliance with these rules shall be subject to control by an independent authority.

其次,我们再来看欧盟的个人信息保护核心规则——《通用数据保护条例》。

Art. 5 GDPR Principles relating to processing of personal data

Personal data shall be:

(a) processed lawfully, fairly and in a transparent manner in relation to the data subject ('lawfulness, fairness and transparency');

(b) collected for specified, explicit and legitimate purposes and not further processed in a manner that is incompatible with those purposes; further processing for archiving purposes in the public interest, scientific or historical research purposes or statistical purposes shall, in accordance withArticle 89(1), not be considered to be incompatible with the initial purposes ('purpose limitation');

(c) adequate, relevant and limited to what is necessary in relation to the purposes for which they are processed ('data minimisation');

(d) accurate and, where necessary, kept up to date; every reasonable step must be taken to ensure that personal data that are inaccurate, having regard to the purposes for which they are processed, are erased or rectified without delay ('accuracy');

(e) kept in a form which permits identification of data subjects for no longer than is necessary for the purposes for which the personal data are processed; personal data may be stored for longer periods insofar as the personal data will be processed solely for archiving purposes in the public interest, scientific or historical research purposes or statistical purposes in accordance with Article 89(1) subject to implementation of the appropriate technical and organisational measures required by this Regulation in order to safeguard the rights and freedoms of the data subject ('storage limitation');

(f) processed in a manner that ensures appropriate security of the personal data, including protection against unauthorised or unlawful processing and against accidental loss, destruction or damage, using appropriate technical or organisational measures ('integrity and confidentiality').

The controller shall be responsible for, and be able to demonstrate compliance with, paragraph 1 ('accountability').

Art. 6 Lawfulness of processing

1 Processing shall be lawful only if and to the extent that at least one of the following applies:

(a) the data subject has given consent to the processing of his or her personal data for one or more specific purposes;

(b) processing is necessary for the performance of a contract to which the data subject is party or in order to take steps at the request of the data subject prior to entering into a contract;

(c) processing is necessary for compliance with a legal

obligation to which the controller is subject;

(d) processing is necessary in order to protect the vital interests of the data subject or of another natural person;

(e) processing is necessary for the performance of a task carried out in the public interest or in the exercise of official authority vested in the controller;

(f) processing is necessary for the purposes of the legitimate interests pursued by the controller or by a third party, except where such interests are overridden by the interests or fundamental rights and freedoms of the data subject which require protection of personal data, in particular where the data subject is a child.

Art. 22 Automated individual decision-making, including profiling

1. The data subject shall have the right not to be subject to a decision based solely on automated processing, including profiling, which produces legal effects concerning him or her or similarly significantly affects him or her.

2. Paragraph 1 shall not apply if the decision:

(a) is necessary for entering into, or performance of, a contract between the data subject and a data controller;

(b) is authorised by Union or Member State law to which the controller is subject and which also lays down suitable measures to safeguard the data subject's rights and freedoms and legitimate interests; or

(c) is based on the data subject's explicit consent.

3. In the cases referred to in points (a) and (c) of paragraph 2, the data controller shall implement suitable measures to safeguard the data subject's rights and freedoms and legitimate interests, at least the right to obtain human intervention on the part of the controller, to express his or her point of view and to contest the decision.

4. Decisions referred to in paragraph 2 shall not be based on special categories of personal data referred to in Article 9(1), unless point (a) or (g) of Article 9(2) applies and suitable measures to safeguard the data subject's rights and freedoms and legitimate interests are in place.

ARTICLE 9: PROCESSING OF SPECIAL CATEGORIES OF PERSONAL DATA

1. Processing of personal data revealing racial or ethnic origin, political opinions, religious or philosophical beliefs, or trade union membership, and the processing of genetic data, biometric data for the purpose of uniquely identifying

a natural person, data concerning health or data concerning a natural person's sex life or sexual orientation shall be prohibited.

2. Paragraph 1 shall not apply if one of the following applies:

a. the data subject has given explicit consent to the processing of those personal data for one or more specified purposes, except where Union or Member State law provide that the prohibition referred to in paragraph 1 may not be lifted by the data subject;

好了,法条汇总完毕,大家一起读读?

龙　虾　老师,法律英语都这么长吗?

鱼老师　当然不是,还有更长的。比如WTO判例动不动就200页起步。

龙　虾　那么……老师,这个《通用数据保护条例》到底多长?

鱼老师　99条,还有173条序言。

龙　虾　老师,我明白您为啥不让我们从无到有自力更生地做比较法研究了,太难了啊!

鱼老师　你是不是也明白了,为啥贸贸然进入某个新领域就做比较法研究容易挂一漏万?

龙　虾　嗯呢！我将来一定好好学习，不补足基础知识绝对不瞎写。

鱼老师　好，我记住你这句话了！

龙　虾　老师，那么我去把法条翻译一遍？

鱼老师　为啥？

龙　虾　嗯，嘿嘿，习惯了。我看到英文就总想翻译出来。不过，老师，您问我"为啥"，这意思是我不用翻译？

鱼老师　当然不用。你翻译这东西干啥呢？我打个比方，我看到你书包上挂了个霍格沃兹校徽，你看《哈利波特》的时候难道也要翻译？

龙　虾　当然不是！当然直接看原文啊，原文写得多好！

鱼老师　同理！咱们整理资料，并不必然要逐字翻译出来。我没这个要求。不然，假如你看了好几十页那种英文论文，你也要先翻译出来再看吗？

龙　虾　不会，不然我要累死啦。

鱼老师　对啊。咱们看英文资料时，把"英文"二字忘掉就行了。英文、中文不都是资料吗？

龙　虾　好！那我直接看啦。

鱼老师　好，那么从你开始，你首先给我们讲讲这两个法条共同表明了什么？

《通用数据保护条例》

Recital 1 Data Protection as a Fundamental Right

1. The protection of natural persons in relation to the processing of personal data is a fundamental right.

2. Article 8(1) of the Charter of Fundamental Rights of the European Union (the 'Charter') and Article 16(1) of the Treaty on the Functioning of the European Union (TFEU) provide that everyone has the right to the protection of personal data concerning him or her.

CHARTER OF FUNDAMENTAL RIGHTS OF THE EUROPEAN UNION

Article 7 Respect for private and family life

Everyone has the right to respect for his or her private and family life, home and communications.

Article 8 Protection of personal data

1. Everyone has the right to the protection of personal data concerning him or her.

2. Such data must be processed fairly for specified purposes and on the basis of the consent of the person concerned or some other legitimate basis laid down by law. Eve-

ryone has the right of access to data which has been collected concerning him or her, and the right to have it rectified.

3. Compliance with these rules shall be subject to control by an independent authority.

龙　虾　好的！我讲讲大意就行吧？

鱼老师　对！"看资料"阶段知道大意就行，不需要字斟句酌。

龙　虾　那我试试？在欧盟，"个人信息保护"是欧洲公民基本权利之一。这主要出现在《欧洲基本权利宪章》第8条当中。不仅如此，法律保护的"个人信息"甚至不等同于隐私。这是因为《宪章》第7条是对"保护隐私和家庭生活"的规定。《通用数据保护条例》序言第1条也承认，其合法性来源恰恰是《宪章》第8条。

鱼老师　很好！你能注意到这一点很不容易。那么，你要不要谈谈，个人信息和隐私的区别是什么？

龙　虾　……老师，我考研时学过，现在忘了。

珊　瑚　老师，这个我知道。"隐私"是私密的、不想让他人知道的；而个人信息完全可能不是私密的。比如，我的姓名和长相就不可能是私密的，但这一定是个人信息。

鱼老师　好。所以，欧盟保护的是？

珊　瑚　个人信息，即不算隐私的东西也保护！所以，如果考虑到咱们分析的"大数据杀熟"问题，我就可以认为，即便某个在线订餐网站的用户此前的购买记录不算隐私，但只要该记录构成个人信息，就有权获得欧盟法项下的保护。

鱼老师　很好，我发现你读资料时有意地与我们正在研究的主题联系起来了。这样才不容易看着看着资料就跑偏了。那么，咱们继续分析后续的法条？《通用数据保护条例》第5条、第6条。这两条文本有点长，分析时需要注意，不要被法条牵着走，要留意其中与我们研究直接相关的东西。珊瑚，你试试？

珊　瑚　好。《通用数据保护条例》第5条是处理个人信息的基本原则。第一个要点，其最重要的原则是"合法、公平、透明"。第二个要点，对个人信息的收集应当是目标特定、明确、合法的，而且，不得以不符合这些目标的方式进一步处理信息。第三个要点是数据最小化，即仅限于服务处理目的所必需的信息。GDPR第6条是对处理个人信息合法性来源的列举。其中第一种合法性来源是"同意"，第二种合法性来源是"履行数据主体为当事方的合同所必需"，第三种合法性来源是"遵守法律要求"，第四种合法性来源是"保护数据主体或另一个自然人的至关重要的利益"，第五种合法性来源是"为公共利益所必需"，第六种合法性来源是"为数据处理者或控制者合法利益所必需，但不能侵犯数据主体的基本权利。"

老师，您看我概括的全不全？

鱼老师 很好，很全面，而且及时剔除了无关信息。比如第 5 条当中后半段信息就被你筛掉了。那么，我多问一句，为什么第 6 条你全都概括了一遍？

珊　瑚 因为第 5 条的其余几个原则，我觉得真用不上！而第 6 条的 6 种合法性来源，我暂时没法判断是否和我们的研究有关联，所以就都概括了一下。不过，其实，我觉得关联最大的应当是"同意"，以及，最后一种——"为数据处理者或控制者合法利益所必需，但不能侵犯数据主体的基本权利。""同意"意味着，如果当事人不同意，就不能随意收集个人信息。而"为数据处理者或控制者合法利益所必需"意味着，从理论上讲，商家可以使用消费者个人信息，但前提是不能侵犯其基本权利。这可以反证，如果没有获得当事人同意，则商家即便获得了消费者个人信息也不该进行处理。

鱼老师 好的，我再问一个问题：你觉得第 5 条和第 6 条是啥关系？

珊　瑚 啥？

鱼老师 我换个问法。第 5 条当中规定了"处理个人信息的基本原则"；第 6 条规定了"当事人同意是处理个人信息的合法性来源之一"。那么，在满足第 6 条的情况下,即"当事人同意",个人信息处理者能否违背第 5 条的基本原则?

珊 瑚　嗯,我想想!我觉得,不能!因为从字面上讲,第 6 条是处理个人信息的"合法性来源",即不遵守第 6 条就根本不能处理。但是,第 5 条是"处理个人信息的基本原则",即个人信息处理者在"有权处理"之后还需满足的法律规定。二者说的就不是一回事儿,因此不存在"满足第 6 条就可以豁免第 5 条"的可能性。

海 葵　我同意珊瑚的说法!如果真的是"满足第 6 条就可以豁免第 5 条",那么,我觉得《通用数据保护条例》甚至就没有存在的必要了。反正"当事人同意了,个人信息处理者就什么都可以做"!更何况,我觉得,上述第 5 条看上去不像任意性规范。

龙 虾　我也觉得不像!《通用数据保护条例》应该是与《消费者权益保护法》性质类似,消费者可以放弃援引该法律维权,但商家绝对不可以"消费者同意"为由主张自己有权违法。

鱼老师　好!你们的推理都非常到位。话说回来,咱们这毕竟是论文写作课不是民法课堂。大家猜猜,我刚才为什么要问这个问题?

珊 瑚　是因为我们在对法条进行文本解读时,需要注意法条之间的关系?

鱼老师　对。这是原因之一，还有吗？

海　葵　我猜，是因为如果这个问题弄不清楚，咱们的论文就没法往下写？我举个例子，如果消费者在某个在线消费平台点击了"同意网站隐私政策"，而隐私政策当中又包含了"我同意某 APP 收集我的文字输入记录、淘宝购物记录等信息"，则此处就会产生一个问题：商家可否以"消费者同意"为由，为其超出必要性范围收集个人信息行为辩护？我当然觉得此种辩护理由是荒谬的，因为此种"同意"很可能是不真实的。但，如果仅仅基于欧盟上述法律规定，我又难以分辨第 5 条和第 6 条的关系！

鱼老师　很好！那么，你认为应该怎么办？

海　葵　我觉得我和珊瑚、龙虾的分析都有道理，但我也没法百分之百确定。

鱼老师　所以？

海　葵　我要继续收集资料！您上面给的资料不够用啊。

鱼老师　非常好！那我继续给你一段资料？

《通用数据保护条例》序言第 43 段

Recital 43 Freely Given Consent

In order to ensure that consent is freely given, consent should not provide a valid legal ground for the processing of personal data in a specific case where there is a clear imbalance between the data subject and the controller, in particular where the controller is a public authority and it is therefore unlikely that consent was freely given in all the circumstances of that specific situation.

Consent is presumed not to be freely given if it does not allow separate consent to be given to different personal data processing operations despite it being appropriate in the individual case, or if the performance of a contract, including the provision of a service, is dependent on the consent despite such consent not being necessary for such performance.

Art. 7 GDPR Conditions for consent

1. Where processing is based on consent, the controller shall be able to demonstrate that the data subject has consented to processing of his or her personal data.

······ 4. When assessing whether consent is freely given, utmost account shall be taken of whether, inter alia, the performance of a contract, including the provision of a service, is conditional on consent to the processing of personal data that is not necessary for the performance of that contract.

海 葵 ······老师，您是故意的？

鱼老师 不是啊。咋了？

海　葵　这个序言第 43 段写得多清晰啊！"数据主体与数据控制者之间如果存在明显不平等关系"，则"同意"不得成为个人信息处理合法性来源。此外，对于"履行合同不必要"但"己方不同意对方就不肯履行合同"这一情形，"同意"就推定是"不自愿"的。所以，我刚刚举的那个例子，其中就必然不存在"自愿同意"啊。毕竟，消费者不同意隐私政策就不能使用那个 APP。GDPR 第 7 条也强调了这一规定。

鱼老师　你的分析非常正确！我还真不是故意为难你们，只不过和大家模拟了一种情形：收集资料很可能不是一次性完工的。完全可能是资料收集时以为大功告成，但阅读资料时发现还是有些不清晰之处，需要进一步补充资料。所以，请同学们注意："一次收集不够资料"这种现象，不是你笨！这是正常现象！

龙　虾　嘿嘿，知道啦，老师。

鱼老师　顺便表扬一下海葵同学，她对于上面这个"43 段"的描述非常到位。我刚刚提到，看资料需要"意译"而非"直译"，其中原因之一就在于"直译很可能非常难懂"。举个例子，刚才 43 段最后一句：Consent is presumed not to be freely given if……the performance of a contract, including the provision of a service, is dependent on the consent despite such consent not being necessary for such performance.

龙虾，你试着直译一次？

龙　　虾　如果出现以下情况，则推定同意不是自由给予的：

合同的履行，包括服务的提供，取决于同意，尽管这种同意不是履行合同所必需的。

鱼老师　珊瑚，只看这个句子，你能看懂不？

珊　　瑚　嗯，有点难。太绕了！我都快被这好几个"同意"给绕进去了！

鱼老师　好，那么我们继续来看看海葵的概括：对于"履行合同不必要"但"己方不同意对方就不肯履行合同"这一情形，"同意"就推定是"不自愿"的。这个好懂不？

珊　　瑚　好懂，师姐棒棒哒！

鱼老师　所以，我顺便提一个对大家未来论文写作的要求：不许写成"翻译腔"！如果正文表述都是龙虾刚才那句话的那种风格，我肯定拒绝你的毕业论文送审。

龙　　虾　老师，可是如果我论文里就是要逐字逐句引用一个法条呢？

鱼老师　我没说不让你直译啊！尤其是某些法律文本，你不直译也不成。但是，直译的句子，你得前后加上引号，好让读者认识到你这个文风是"被迫"的。但对于本身不是直译的表述，你就得写成海葵那样的中文。

龙　虾　懂了！

鱼老师　好，刚才咱们偏题了，拐到论文写作语言风格上去了。话说回来哈，经过了资料的补充，咱们这一组法条的研究已经清晰了。我们接下来处理最后一组法条：

Art. 22 Automated individual decision-making, including profiling

1. The data subject shall have the right not to be subject to a decision based solely on automated processing, including profiling, which produces legal effects concerning him or her or similarly significantly affects him or her.

2. Paragraph 1 shall not apply if the decision:

(a) is necessary for entering into, or performance of, a contract between the data subject and a data controller;

(b) is authorised by Union or Member State law to which the controller is subject and which also lays down suitable measures to safeguard the data subject's rights and freedoms and legitimate interests; or

(c) is based on the data subject's explicit consent.

3. In the cases referred to in points (a) and (c) of paragraph 2, the data controller shall implement suitable meas-

ures to safeguard the data subject's rights and freedoms and legitimate interests, at least the right to obtain human intervention on the part of the controller, to express his or her point of view and to contest the decision.

4. Decisions referred to in paragraph 2 shall not be based on special categories of personal data referred to in Article 9(1), unless point (a) or (g) of Article 9(2) applies and suitable measures to safeguard the data subject's rights and freedoms and legitimate interests are in place.

ARTICLE 9: PROCESSING OF SPECIAL CATEGORIES OF PERSONAL DATA

1. Processing of personal data revealing racial or ethnic origin, political opinions, religious or philosophical beliefs, or trade union membership, and the processing of genetic data, biometric data for the purpose of uniquely identifying a natural person, data concerning health or data concerning a natural person's sex life or sexual orientation shall be prohibited.

2. Paragraph 1 shall not apply if one of the following applies:

a. the data subject has given explicit consent to the processing of those personal data for one or more specified purposes, except where Union or Member State law provide that the prohibition referred to in paragraph 1 may not be lifted by the data subject;

海葵,你来分析?

海 葵 好!这一组法条是关于自动化决策的。我理解,"自动化决策"应该是指"算法"? GDPR 第 22 条规定,数据主体有权拒绝纯自动化决策,如果此决策能够产生对其具备显著影响的法律效果。但这个条款也有几个例外:其一,履行合同所必需;其二,欧盟法或成员国法有规定;其三,有数据主体的明确同意。

对了,说到"自动化决策",我同样进行了资料二次搜索:我有点怀疑,在 GDPR 当中,第 22 条究竟是不是唯一提到自动化决策的法条?然后我就直接去 GDPR 搜索了这个关键词,结果,我发现了这个!

Art. 13 GDPR Information to be provided where personal data are collected from the data subject

2.In addition to the information referred to in paragraph 1, the controller shall, at the time when personal data are obtained, provide the data subject with the following further information necessary to ensure fair and transparent processing:

(f) the existence of automated decision-making, including profiling, referred to in Article 22(1) and (4) and, at least in those cases, meaningful information about the logic involved, as well as the significance and the envisaged consequences of such processing for the data subject.

如果商家使用了自动决策,则它必须告知消费者的信息包括:自动决策的存在、自动决策逻辑的有效信息、自动决策对于数据主体的影响。

这应该是对算法透明或者说消费者知情权的保护。

除此之外,还有若干特殊种类信息不得用于自动化决策(GDPR 第 9 条):种族或民族血统、政治观点、宗教或哲学信仰或工会会员资格,以及遗传数据、用于唯一识别自然人的生物特征数据、健康数据或自然人性生活或性取向数据的处理。

除非满足特别要求。这其中的特别要求就包括"明确同意"。

以上分析表明,如果在欧盟境内通过算法进行定价,此种行为完全可能是"履行合同所必需",但至少不能使用特殊种类信息进行算法定价。当然,虽然 GDPR 第 9 条提到,在数据主体明确同意的情况下可以,但我认为"明确同意"应该比"同意"要件更加复杂,我要不要去检索一下什么是"明确同意"。

鱼老师 好啊。你想怎么检索?

海　葵　先看看 GDPR 有没有对此进行定义。如果没有，直接把 explicit consent 一词敲进搜索引擎试试？

鱼老师　好，试试就试试。

海　葵　等我一下哈。好，找到了！GDPR 当中果真没有。我用搜索引擎找出来的！

> WP29 Guidelines on Consent.
>
> The GDPR prescribes that a "clear affirmative act" is a prerequisite for 'regular' consent. As the 'regular' consent requirement in the GDPR is already raised to a higher standard compared to the consent requirement in Directive 95/46/EC, it needs to be clarified what extra efforts a controller should undertake in order to obtain the explicit consent of a data subject in line with the GDPR.
>
> The term explicit refers to the way consent is expressed by the data subject. It means that the data subject must give an express statement of consent. An obvious way to make sure consent is explicit would be to expressly confirm consent in a written statement. Where appropriate, the controller could make sure the written statement is signed by the data subject, in order to remove all possible doubt and potential lack of evidence in the future.
>
> in the digital or online context, a data subject may be

able to issue the required statement by filling in an electronic form, by sending an email, by uploading a scanned document carrying the signature of the data subject, or by using an electronic signature. In theory, the use of oral statements can also be sufficiently express to obtain valid explicit consent, however, it may be difficult to prove for the controller that all conditions for valid explicit consent were met when the statement was recorded. ARTICLE 29 DATA PROTECTION WORKING PARTY, Guidelines on Consent under Regulation 2016/679 Adopted on 28 November 2017, pp. 18-19.

龙 虾 这是啥？

海 葵 啥？

龙 虾 师姐，这个 WP29 是啥啊？它发布的文件有法律效力不？

海 葵 第29条工作组啊，根据《通用数据保护条例》前身"95指令"成立的独立机构。其发布的文件如果是欧盟 EDPB（欧洲数据保护委员会）批准的，那么当然有法律效力。

鱼老师 非常好！龙虾，你为啥想起来质疑这个了？

龙 虾 嘿嘿，老师，我是因为本科时有过教训。外教英语课上，我千辛万苦地收集资料作报告，结果外教说我资料来源是某宗教机构，所以立场肯定偏颇！

鱼老师　很好，看来你那次印象足够深刻！龙虾同学刚刚给我们展示了一个重要的科研原则：搜索一手资料请务必注意资料出处。最好是官方机构或者虽然不是政府机关但的确对某问题拥有发言权的机构出具的报告。千万不要随便搜索出来个 BBC 或者 CNN 的资料就当作真理来引用。

那么，海葵同学你接着讲，上面这份资料能够说明什么？

海　葵　"明确同意"比"同意"要求更严格！我理解，"勾选""同意"应该算是普通的同意；而"明确同意"得达到"发送邮件、附上电子签名"这种程度。这就意味着，以上那些敏感信息绝对不能滥用于算法定价。因为，毕竟不可能有哪个消费者专门写一封邮件或附上电子签名同意被杀熟。我之前看到过批判"告知－同意"模式下的个人信息保护的论文，其中就表示，此种模式的最大缺陷在于"同意"未必等于真正的"同意"，消费者往往可能怕麻烦，连隐私政策都没读就"同意"了。然而，也正是由于消费者怕麻烦，商家反而不可能从消费者那里获得"明确同意"啦。基于上述信息的算法价格歧视也就根本不可能产生了。

鱼老师　非常好！以上推理相当严密。好，到现在为止，我们能够收集到的信息都已经分析完了。下面，请珊瑚同学给我们列个提纲：欧盟法研究部分，我们可以得到哪些结论？

珊　瑚　我认为共有 4 个结论：

其一，个人信息在欧盟是"基本权利"。

其二，欧盟通过限制商家获得个人信息，有效限制了算法价格歧视的数据来源。没有数据就没有所谓"基于数据进行杀熟"。

其三，欧盟对"自动决策"进行了规定，要求商家必须告知消费者自动决策的存在；消费者有权拒绝自动决策；算法必须具有一定程度的透明度。

其四，针对敏感信息，商家只能在获得消费者明确同意的情况下才能处理(用于定价)。

鱼老师　好！那么我们欧盟法研究就告一段落，接下来，我们来进行美国法研究。

/ 第四幕　例二："从无到有"的美国法研究 /

龙　虾　老师，美国法咋研究？

鱼老师　你没思路？

龙　虾　没有啊，比欧盟法还没思路！欧盟法至少此前有论文提到过是"从个人信息保护入手"的,但资料当中曾经提及的美国法——"算法治理",至今为止仍然是法律草案而非法律本身,我不大敢去研究。不仅如此,还有资料论及,美国把算法作为商业秘密看待。所以,咱们刚才提到的算法透明很显然也不现实。

鱼老师 很好,可见你用心了,至少掌握了比较法研究的套路——比较。珊瑚,你来猜猜,咱们美国法研究部分怎么继续?

珊 瑚 把"价格歧视"放到英文搜索引擎里试试去?

鱼老师 好,你去试试?

珊 瑚 老师,我回来了!我很失望!我搜到了美国反垄断法!

鱼老师 惊不惊喜,意不意外?

珊 瑚 不意外。毕竟,如果我能搜出来啥惊天动地的东西,早就有其他学者以此为题撰文啦。

鱼老师 你的心态非常值得表扬!那么,我们继续来分析一下。目前已知的信息包括:其一,美国法不支持算法透明;其二,美国目前没有成文的算法治理法律;其三,美国有没有完备的个人信息保护法律?根据你们已有的知识回答就行。

海 葵 没有!

珊 瑚 嗯,师姐,《加利福尼亚州消费者隐私法案》?

海　葵　你猜，这个法律有个什么致命的弱点？

珊　瑚　啊，我想起来了！它只适用于一定规模的大企业！

海　葵　还有没有？我提示你一下，这个弱点是美国和欧盟个人信息保护的重要差别？

珊　瑚　Opt-out！选择退出！欧盟是"opt-in"，即消费者同意方可收集、处理个人信息。美国是相反的，消费者不反对就视为许可。

海　葵　所以，基于个人信息保护来制止"大数据杀熟"更不现实，至少比欧盟法更不现实。老师，我说的对吧？

鱼老师　正确！所以，以上三条路径都走不通。大家用排除法试试，还有什么路径可以走？

龙　虾　反歧视？

鱼老师　很好！你是怎么想到这个的？

龙　虾　美国反歧视不是"政治正确"么？此外，咱们第二周整理判例时也曾经整理过中国"价格歧视合法性诉讼"的案子啊。

鱼老师　好，所以，我们有了一个思路：价格歧视在美国究竟违不违法？或者说，美国法管不管这事儿？

龙　虾　老师，这个问题我研究过哎。我本科修过一门课叫《美国研究》，还曾经专门就此问题作过报告。美国反歧视法律的"母法"是1964年《民事权利法案》，这是美国终止"隔离但平等"政策后的重要立法。其中禁止就种族、肤色、宗教、性别、祖籍在就业、公共场所和政府资助项目上进行歧视。[section 201 (a)] 我说明一下,"公共场所"在此的定义其实是"服务于公众需求"的场所,例如饭馆、酒吧、电影院、体育场等都算。

鱼老师 那么,基于这份资料,你能不能试着推理一下:算法价格歧视这事儿,在美国合法性会怎么认定?

龙　虾 我认为,"歧视"在美国也并不必然违法,至少1964年《民事权利法案》的规定还是很严格的:只有就某些个人特征的歧视才是违法的。如果歧视不是针对这些事项就不违法。不仅如此,也并非任何歧视都是违法的。举例来讲,一个华裔姑娘表示自己只愿意和华裔男生结婚,这当然是基于种族的歧视,但法律显然不可能规制这个,只有在特定情形下的歧视才是违法的。所以,根据上述逻辑,只有针对特定个人特征的价格歧视才违法,例如卖给女性的同一商品要比卖给男性的贵。至于"特定情形",我觉得问题不大。价格歧视必然出现在"服务于公众需求"的场所,对吧?没听说企业关门做买卖的。尤其是能够使用算法定价的企业,其服务对象肯定是"公众"而非"私人"。

综上,我可以得出一个结论:美国处理"大数据杀熟",应该是会反对基于上述要件的"杀熟",而非禁止在消费者之间进行价格歧视!

鱼老师 你百分之百确定吗?

龙　虾 嗯,不是很确定。毕竟,上述内容很大一部分都是我自己的推理,我还需要更多资料。

鱼老师 啥资料?

龙　虾 我要去看文献,瞧瞧美国是否有对于1964年法案的进一步立法,以及美国有没有对于差异性定价的其他规定。

鱼老师 这个思路很正确,换了我,也会从同样的路径着手的。那么,咱们一块儿下手?

珊瑚 & 海葵 好!

鱼老师 大家找到啥没?

珊　瑚 找到啦。我发现,上述1964年法案之后,美国各州也都纷纷通过了类似的法律。而且,把受保护的范围进行了扩大。我发现了一个网站,其中罗列了美国各州的《民权法案》。

我翻了翻美国各州的规定,结果发现范围上有所扩大。举例来讲,加利福尼亚州相应法律的规定是这样的:

> All persons within the jurisdiction of this state are free and equal, and no matter what their sex, race, color, religion,

> ancestry, national origin, disability, medical condition, genetic information, marital status, sexual orientation, citizenship, primary language, or immigration status are entitled to the full and equal accommodations, advantages, facilities, privileges, or services in all business establishments of every kind whatsoever.(Unruh Civil Rights Act CV 51, (b).

这其中,"反歧视"的对象又包括了残疾、基因信息、婚否、第一语言等,而且,受保护的场所也扩大到了"任何商业设施"。

海葵 我的思路稍微有点儿差异。我发现,只有针对特定信息的歧视才是违法的。所以,我修改了一下关键词:如果只搜索 price discrimination 没啥效果,那么,我搜索 price discrimination 和 gender 呢?结果,我有所发现!美国佛蒙特州总检察长办公室与人权委员会专门发布过一份《货物与服务定价中的性别因素指南》,其中就表示,性别不同价格不同这一现象是违法的!

然后,我又把 race 和 price discrimination 敲进去,结果,你们猜我发现了什么?搜索引擎提醒我,有个关键词叫做 consumer racial profiling!对此的研究极其丰富,且案例超级多!

鱼老师 你能不能详细解释下,这个 consumer racial profiling 是什么?我估计他俩听不懂。

珊　瑚　是啊，我听不懂！

海　葵　珊瑚，咱们在算法这个问题上讲到 profiling，通常是啥意思？

珊　瑚　用户画像？这个我听过，是通过算法描述一下用户的特征。比如我一登录淘宝，它就给我推送口红、粉底啥的。这就是基于"用户特征"的推送，但我相信淘宝一定不会推送给龙虾这个。

龙　虾　对，淘宝通常推送篮球鞋给我。

珊　瑚　所以，这个词是说，基于消费者种族的画像？或者说，基于消费者种族对此进行歧视？

海　葵　正确。当然，这倒不仅仅是价格歧视，但不论是啥歧视都是大概率违法的。

鱼老师　好，那么咱们还有关于美国的资料需要讨论吗？

海　葵　没啦。

鱼老师　那么，龙虾，你要不要来总结一下，关于美国法部分，咱们应该强调哪些要点？

龙　虾　好的！我觉得也是四个要点。其一，美国路径与个人信息保护关系不大。其二，美国路径与算法关系也不大。其三，美国反歧视法律非常发达。但不是什么歧视都"反"，只反对针对特定事项、在特定场景的歧视。其四，美国反歧视法律完全可能扩展至价格歧视。

/ 第五幕　美欧比较 /

珊　瑚　老师，我突然有个问题：欧盟路径是"个人信息保护+算法规制"，这在美国行不通。但如果反推回来呢，美国"反歧视"路径在欧盟行得通不？

鱼老师　好问题！你来跟我说说，你是如何想到这个思路的？

珊　瑚　我是觉得，反歧视这事儿应该不分国别的吧？

鱼老师　那么，你觉得欧盟有没有反歧视法律呢？

珊　瑚　我觉得，肯定有。不过，我们似乎不需要研究那个啦，毕竟，歧视总得基于既有信息进行。但是，如果欧盟限制了对个人信息的获取和处理，那么，歧视就很难进行。

龙　虾　我突然又有了个发现！刚才提到美国1964年法案时我们都看到了，这部法律是限制针对特定个人特征进行歧视。咱们前面进行欧盟法研究的时候，也曾经碰见过一串儿个人特征，如果说"个人信息"是普遍保护，那么，这些"个人特征"是特别保护！

珊　瑚　敏感个人信息？

龙　虾　对啊。

海　葵　所以？

龙　虾　我现在开始觉得美国和欧盟的思路有点儿类似了！它们手段当然不一样，但是，任一方都具有"值得保护的个人特征"，这叫"殊途同归"？

鱼老师　很好！各位同学刚才发现的内容，已经是真正的比较法研究了，即我们不仅要研究各国立法"是什么"，还要关注其具体思路如何展开。美国和欧盟立法手段如此不同，但思路其实非常相似。这个思路，我们应该如何概括？

海　葵　嗯，"算法价格歧视合法为主，针对特定问题的价格歧视违法为辅"？

鱼老师　那么，对于你说的"特定问题"，你又怎么认识？

海　葵　具体问题具体分析，每个国家自己去决定，以什么为基础的歧视是违法的。比如欧盟的"敏感个人信息"范围必然和美国1964年立法不一样。

鱼老师　那么，这个"基础"又是如何决定的？

海　葵　老师，您是让我从法理学角度分析吗？我倒是可以试试。反对种族歧视这就不说了，1964年《民事权利法案》就是反种族歧视运动的产物。反对性别歧视也很好理解，女权主义、性别解放说的都是这事儿。此外，宗教信仰自由也同样不难理解。任何政教分离的国家都支持这个。

鱼老师 好,到此为止就够了。概括地讲,是每一种"受保护的权利"都有它的历史根源和社会基础,对吧?

海 葵 对!

鱼老师 那么,我再给大家补充一段资料,这段资料其实也是我在产生了"欧盟究竟反对不反对价格歧视"这个问题之后才去搜索的。

> Price discrimination①
>
> As an EU national or resident you can't be charged a higher price when buying products or services in the EU just because of your nationality or country of residence.
>
> When you buy goods online in the EU, prices may vary from country to country or across different versions of the same website, for example due to differences in delivery costs. However, if you buy goods online without cross-border delivery-such as when you buy something online which you intend to collect from a trader or shop yourself-you should have access to the same prices and special offers as buyers living in that EU country. You cannot be charged more or prevented from buying something just because you live in another country.

---

① 信息来源:European Union,"Pricing and Payments",[2023-04-28]http:// european. eu/youreurope/citizens/consumers/shopping/pricing-payments/index_en. htm

The same rules apply when you buy services provided at the trader's premises, for example when you buy entry tickets for an amusement park, book a hotel, rent a car, or when you buy electronically supplied services (such as cloud services or website hosting), you are entitled to have access to the same prices as local buyers.

资料来源大家不用质疑。是从欧盟官网复制的。我的问题是：这段话究竟是契合还是推翻了咱们刚才的比较法研究结论？

珊 瑚　契合！我太喜欢这段资料了！欧盟不反对价格歧视，比如一个企业可以面向德国市场定价 1 欧元、但面向法国市场定价 1.2 欧元。但是，欧盟反对由于消费者住址在外国或国籍是外国国籍就进行价格歧视。我甚至能想明白这个规定的法理根源！欧盟内部是没有国界限制的，不然"欧洲公民"这个词就是有名无实的。所以，欧盟正是基于欧洲一体化原则，禁止基于国籍或者住址进行价格歧视。

鱼老师　非常好！那么，我们的比较法研究圆满成功。最后一项工作：咱们能不能文艺一点儿，给海葵刚才抽象出来的原则——"算法价格歧视合法为主，针对特定问题的价格歧视违法为辅"进行更高一级的抽象？

龙 虾　老师，我不懂，这已经很抽象啦，我们为什么需要进一步抽象呢？

鱼老师 我说了，为了"文艺一点"。或者说，为了文义上进行修饰，让你的论文在文风上更加引人注目。说到这里，我多讲几句：我并不是让大家把论文写成散文，或者写成《滕王阁序》那样辞藻华丽的样子。但是，适当的凝练与修饰会让你的学术观点更好地被大家所接受。我举个例子，从前曾有一个国家社科基金项目，题目是这个：唐律中的"法""理"与"法理"。你们觉得咋样？

海 葵 好啊。一看就是能中项目的样子！

鱼老师 对！就算你不是很懂唐律，你也一眼就知道作者想要表达什么，对吧？

龙 虾 对！

鱼老师 咱们院曾有位教授把这种"一看就棒棒哒"的题目描述为"不明觉厉"。

珊 瑚 那……老师，刚才海葵师姐那句话，您给我们抽象一下行不？我不大会这个技巧。

鱼老师 好。我抽象成"市场主导，权利优先"，你满意不？

珊 瑚 我想想？"市场主导"是指定价原则上市场化，法律不干涉是否价格歧视。对吧？

鱼老师 对。那么，后半句呢？

珊　瑚　"权利优先"是指，国家在特定领域赋予消费者权利，这个领域就应当禁止价格歧视的存在。

鱼老师　是啊。

珊　瑚　懂了！

/ 第六幕　小结 /

鱼老师　那么我们来进行本节课最后一个任务：总结一下比较法研究的技巧。龙虾，你先来？

龙　虾　好！

比较法研究就是回顾他国解决某一问题的思路，然后为我国提供借鉴。

在比较法研究当中，只要语言不存在障碍，通常来讲应当看一手资料，而不要看中国学者对外国法的概括，否则容易以讹传讹。但是，这个过程可以寻求二手资料的指引，包括中国学者对外国法的描述和外国学者对他们本国法的描述，然后按图索骥。

比较法研究不是外国法翻译，不需要先把资料统统翻译过来。可以直接把它们当成中文资料处理就行。

比较法研究需要一边看资料一边联系我们要研究的主

题进行思考，千万不能被外国法牵着鼻子走。

鱼老师 还有啥？珊瑚，你继续？

珊 瑚 好的。

比较法研究不是随随便便就能做的，至少需要对外国法有一定的了解才能进入某一领域。否则，很容易一头扎进去就出不来。

比较法研究很可能无法一次收集够全部资料，很可能在看资料的同时发现很多需要补充的东西。这是正常现象！

比较法研究如果涉及多个外国法律，则研究第二个国家法律的时候，有必要主动和第一个国家的法律进行对比。

最后，比较法研究的终点是抽象出外国法律规定的内在逻辑。完全有可能是两个全然不同的制度的底层逻辑是相同的。

鱼老师 好，你俩概括的已经很全了。海葵，你是否还有啥补充的？只要是咱们今天讲过的知识点都可以。

海 葵 还有三个零碎的知识点：

撰写论文的外国法部分尽量避免翻译腔。

科研要"滚雪球"，不要"打一堆浅井"，要打"一个深井"。

论文不是散文，不讲究文辞华美，但有必要高度凝练出一个主题。

鱼老师　好，那么我们今天的讨论到此为止。下课！

第五周

1. 比较法研究是直接处理外国法资料,而不是进行外国法翻译。
2. 比较法研究很可能无法一次收集够全部资料。
3. 涉及多国法律需要进行对比。
4. 比较法研究的终点:抽象出外国法律规定的内在逻辑。

第六周
论文思路整理

/ 第一幕　整理思路的方法 /

鱼老师　同学们好,我们本周的任务是,论文思路整理。各位同学是否还记得咱们此前五周讨论过什么问题?

龙　虾　老师老师,您先等下,咱们这就可以写论文啦?

鱼老师　当然不是啊。你觉得咱们的论文还缺点儿啥?

龙　虾　结论!"比较法研究"可不是"研究完外国法"就收尾的,咱们总得谈谈对中国的启示,对吧?

鱼老师　对!看来你此前至少读过论文。那么,你来设想一下结论?

龙　虾　嗯,我们应该遵循比较法研究部分得出的结论?

鱼老师　你也太能偷懒了。你继续讲,我们为什么要遵循这个结论?

龙　虾　因为中国需要。

鱼老师　中国为什么需要？

龙　虾　因为咱们前面分析过中国问题，那时候……啊，老师，对不起，我忘了前面咋分析的了！

鱼老师　哈，这不怪你。架构一篇论文其实非常费脑子，尤其是资料一多，就很容易读了后面忘记前面。说句题外话，你猜猜为啥十万字的博士论文那么难写？

龙　虾　因为构思了后面忘了前面？

鱼老师　差不多。就是因为资料太多了，人脑很容易像电脑开了太多程序那样"死机"。

龙　虾　哦，那么海葵师姐你保重。我毕业之后肯定会回学校看你的，再带点儿核桃给你补脑。

海　葵　那倒不用，没准儿我都毕业了你还在攒毕业论文。

鱼老师　所以，咱们在资料汇总基本完成的阶段，通常要停下来进行一下思路梳理。一方面是为了回忆一下此前研究的内容，把所有资料融会贯通；另一方面也是由于做不到前者，就完全无法推演结论。所以，咱们现在还没到"写论文"的地步，仅仅是梳理下逻辑。

珊　瑚　老师，我有个问题。我记性不好，资料多了我真记不住。我从前甚至干出来过这么个事儿：我看着某个案例感觉非常眼熟但就是想不起来在哪看过，还是我室友提醒我：这是上周海商法课上的教学案例！她说要不是跟我一起去上的课，她都怀疑我是不是上课睡着啦。

鱼老师 没事，这很正常。我还干出来过更夸张的，一篇论文下载过一遍读完了，然后下次刷知网又下载了一次。所以，你不要多想，记性不好的也不是你一个人。

珊 瑚 那……资料太多我记不住咋办？如果我完全忘记了某个资料的存在，那么，我如何从那个"不存在"的资料当中整理出思路呢？

鱼老师 很简单啊，好记性不如烂笔头！

珊 瑚 老师，您是让我……抄一遍？

鱼老师 不是。我是在跟你们描述一个我常用的列提纲方法：玩小纸条，就是把一张纸撕成 6 片或者 8 片，然后，于头每一份资料写在一小片纸上。当然不用"抄"全文，写个梗概就行。比如"某某诉某某案"或者"某某公园门票价格歧视案"。只要你能够辨别纸条是关于啥的就成。然后，找个比较空旷的平面，例如你的床，把纸条放在上面排列组合就行。我自己在科研初期经常使用这一方法，感觉很有效！

龙 虾 老师，电子小纸条行不行？比如，Xmind？

鱼老师 行啊。那不就是思维导图整理软件么？你喜欢用也行。

　　　　　我甚至见到过学生整理资料全过程都用思维导图软件。那个软件我也会，但我用过之后放弃了。

龙　　虾　为啥？老师，因为不好用？

鱼老师　不，因为一屏放不下。软件里倒是有折叠树状图功能，但那功能对我而言恰恰就是"out of sight, out of mind"，折叠起来就会被我当成不存在。

龙　　虾　老师，您写一篇论文这得用多少资料……

鱼老师　跟资料多少没关系，主要是我电脑屏幕没有床那么大。咱不开玩笑了，我今天先给你们演示一下有形的小纸条的用法？

海　　葵　好！

/ 第二幕　论文逻辑思路 /

鱼老师　不过，咱们第一步要做的，还真不是写小纸条，而是从整体上澄清论文逻辑思路。也就是说，用一句话概括出论文的最核心观点。

珊　　瑚　老师，这个"一句话"是不是有点短，毕竟论文一万字哦。

鱼老师　不短了！一篇合格的博士论文，甚至都可以用一句话概括。我再举个例子。你学国际私法时学没学过胡伯的理论？

珊　瑚　胡伯三原则？

鱼老师　对啊。虽然展开来讲肯定不止一句话，但让你用一句话概括胡伯主要理论，你应该会吧？

珊　瑚　应该能。

鱼老师　对！一篇1万字左右的小论文，核心观点如果太长，这篇文章很可能是"喧宾夺主"的。事实上，你们猜猜，发表在顶级法学期刊上的论文，它们的摘要有多长？

海　葵　这个我知道，不超过400字。也就是说，300多字。

鱼老师　对啊。所以，大家写论文的时候可以实验一把，最核心的观点如果无法用一句话概括，那你的论文很可能思路还不完全清晰。

龙　虾　老师，那么为什么要先概括这个"逻辑思路"再去搭建具体提纲呢？

鱼老师　我给你打个比方，你们都知道我喜欢画画，是吧？如果我想画一个人，你们猜，我第一步干啥？

珊　瑚　先画人头？

鱼老师　你没建议我"先画眉毛"，还不错！我最先做的是起稿。特别粗略地勾勒一下头、胸、上下肢的位置，然后再逐个部位慢慢描绘。珊瑚，你再猜猜，为啥？

珊　瑚　嗯，不然画纸上装不下？

鱼老师　哈，差不多。我儿子画画，很容易"一个人头一张纸"，再画身体的时候没地方了，只能画得比例失调。论文写作其实也是同理啊。第一步一定是搭建一个最核心的骨架，然后再慢慢去把它丰满。

海　葵　老师，您这句话我从前听过，不过，我以为这是在描述"写论文必须列提纲"的？

鱼老师　没毛病啊，的确如此。但是，对我而言，直接列提纲还是有难度，尤其是我写论文通常会写"资料密集型"论文。所以，我会在列提纲之前再往前走一步，先列出来个一句话论点，再思考如何围绕这个论点列提纲。如果你们理论思维能力比较强，倒也不是不能省略这一步。

海　葵　好的，老师，我先试试。

鱼老师　所以，"一句话"，谁试试？

珊　瑚　我来！这个不难！"大数据杀熟"犯众怒但不违法，这一现象的成因是只有受保护的某些权利才不被容许产生价格歧视。

鱼老师　龙虾，你觉得咋样？

龙　虾　我觉得够"核心"和精炼了，不过别人恐怕看不懂，而且这个句子表达也有问题。

鱼老师　你能看懂不？

龙　虾　能啊。

鱼老师　那就行。因为这个逻辑思路只有作者本人才会看到，哪怕是摘要都不需要写的这么精炼。

龙　虾　好的，我懂了。老师，我还有个问题：为什么"一句话论点"是"大数据杀熟犯众怒但不违法，这一现象的成因是只有受保护的某些权利才不被容许产生价格歧视"，而不是"大数据杀熟犯众怒但不违法"？我觉得后者也是"观点"。

鱼老师　不，后者是对事实的表述。尽管这个事实是咱们概括的事实。所谓"观点"得是你自己的看法。

龙　虾　那么，"论点"为啥得是我自己的看法呢？

鱼老师　哈，你觉得论文是干啥用的？

龙　虾　解决问题？

鱼老师　对啊。所以，你必须要形成自己的看法方才可以解决问题，对吧？这个"你的看法"也是你全篇要论证的内容。

龙　虾　懂啦。那么，刚才那个论点句子的功能是？

鱼老师　我给你演示，这个句子是如何变成提纲的。

第一步:"大数据杀熟"犯众怒但不违法

这一句,我们通常叫它什么?

龙　虾　提出问题?

鱼老师　对!那么,你还记不记得,这个问题是怎么被提出的?

龙　虾　记得啊。先是在媒体上看到若干报道,然后,咱们分析了我国法律和判例,最后,印证了这一结论。

鱼老师　很好。所以,咱们的提纲应该如何撰写?

龙　虾　第一部分是"开头",第二部分是我国法回顾?

鱼老师　可以。然后呢?

龙　虾　然后就是对珊瑚那句话后半句的阐述啦。"这一现象的成因是只有受保护的某些权利才不被容许产生价格歧视"。这句话可以写成第三部分:美欧比较研究,研究的结果是形成这个结论。第四部分是"启示"部分,即中国应当如何处理这一问题。当然,如果需要写一个第五部分"结语"也成。

鱼老师　所以,咱们现在就有了一个一级标题的提纲,对吧?

龙　虾　对!也就是说,"用一句话概括论文逻辑思路",目的在于规划论文的整体骨架,以保证论文的每一部分都是服务于这一论证?

鱼老师　非常正确!这样搭建起来的提纲,就必然不会有任何一个没用的部分了。说来你可能不信,我带过的本科论文,相当一部分同学的提纲都得砍掉很多没用的部分。

龙 虾 真的吗?

鱼老师 真的。我给你举个例子。我从前带过一个同学写的一篇论文:《欧盟反补贴调查最新动向研究》。题目倒是中规中矩,但是,你猜这名同学是怎么给我列提纲的?

> 一、定义
> (一)补贴的定义
> (二)反补贴的定义
> 二、欧盟反补贴规则综述
> (一)欧盟贸易救济立法综述
> (二)欧盟反补贴规则的演进
> (三)欧盟反补贴规则的特征
> (四)欧盟反补贴规则与 WTO 反补贴规则的关系
> ……

然后,第三部分总算开始写"欧盟反补贴调查有啥最新动向"了!

你觉得这个提纲咋样?

龙　虾　别扭。如果允许这么写，我能写1万字还没写到正题。

鱼老师　是啊。这名同学也的确擅长写作，以上两部分写了5000字；第三部分"欧盟反补贴立法新动向"3000字；第四部分"中国对策"3000字。全篇11000字。

龙　虾　然后呢？您让他过了？

鱼老师　没，我把前两部分砍了，直接从第三部分"有啥最新动向"开始写。此论文经作者二次扩充，最终写了1万字。

龙　虾　我懂了！所以，以核心论点为骨架扩充提纲，可以有效避免上面那种写法？

鱼老师　是啊。咱们刚才扩充出来的提纲，至少第一部分就直入主题。

龙　虾　好的，明白啦。

海　葵　老师，我多问一句，一定要第一部分直入主题吗？或者说，"定义""特征"一定不能写吗？

鱼老师　能写，但是得看你怎么写。至少有两种情形是完全可以写的。第一种情形，海葵同学其实你应该经历过，硕博毕业论文的引言部分完全可能需要写到"概念的厘清"。

海　葵　是！我硕士论文写到过！

鱼老师　对，此种情形是完全符合学术规范且无可指摘的。第二种情形，是在论文开头用一句话带过此论文核心概念的定义和特征。这种情形，咱们后续讲"开头的写法"时还会专门教到。

珊　瑚　老师，我好奇问一下哈，您每次写论文，也是先形成逻辑思路再列提纲的吗？

鱼老师　是啊。

珊　瑚　可是，您写了那么多年论文，总不可能再犯"定义、特征"这样的列提纲错误吧？

鱼老师　其实，形成逻辑思路也不仅仅服务于提纲的简洁性。它还有一个功能：检验你对论文主旨的认识是否到位。如果不到位，则完全无法概括出逻辑思路。

珊　瑚　嗯，可以理解！毕竟，上个星期，咱们哪怕是已经分别研究完了美国法和欧盟法，都不可能抽象出上面那个结论。还得是在成功抽离出美欧立法共性的基础之上，才能成功得出结论。

鱼老师　所以，我现在每写一篇论文之前，都需要提醒自己，一定在抽象出一句话的逻辑思路后再动笔。原因就在于，我十分担心自己写出一篇超级平庸的论文。所谓"行百里者半九十"，如果是"就差那么一步"就能写出来一篇好论文，我会不甘心的！

珊　瑚　懂了！"从实践到理论，是人类认识上升的重要标志"，对吧？

鱼老师 对！

/ 第三幕　论文撰写思路 /

鱼老师 那么，咱们继续？刚才我们已经有了一个很简单的提纲了。珊瑚，你来发布一下？

珊　瑚 好的！

> 一、引言
>
> 二、我国法综述
>
> 三、比较法研究
>
> 四、对策
>
> 五、结语（可写可不写）

鱼老师 好，这样，咱们至少把论文的大结构画出来了。接下来就是用"小纸条"的方式把资料填充进去。还记得"小纸条"这事儿吧？

龙　虾 记得啊。我都裁好了。

鱼老师 好，那么你来做第一批小纸条。鉴于你刚才说自己已经忘掉从前研究过啥了，我们来说，你来写？

龙　虾　好!

鱼老师　我们在第一周"提出问题"部分,曾经使用过哪些资料性的东西?

珊　瑚　我记得!我们每个人都找了一个与"大数据杀熟"有关的新闻报道。

鱼老师　好,龙虾,第一张小纸条?

龙　虾　好的!

> 关于"大数据杀熟"的
> 三个新闻报道

鱼老师　咱们继续?接下来我们进入"整理法律"部分。珊瑚,你继续?

珊　瑚　好的。

《消费者权益保护法》第8条,知情权(包括价格)

《消费者权益保护法》第10条,公平交易权(消费者有权获得合理价格)

《电子商务法》第18条,"同时…提供不针对其个人特征的选项"

《个人信息保护法》第24条,利用个人信息进行自动化决策的透明度原则、公平公正待遇、提供不针对个人

信息的选项

《反垄断法》第 22 条，禁止利用算法进行滥用市场支配地位的行为

《价格法》第 14 条，对经营者的价格歧视

《价格违法行为行政处罚规定(修订征求意见稿)》第 13 条，禁止通过算法对消费者或其他经营者设置不同价格

老师，我国法律部分应该不用继续整理啦，因为咱们第三周就曾经写过一个简短的我国法律综述。

鱼老师　好，但"法律"与"判例""文献"部分如何衔接仍然是个问题，对吧？

珊　瑚　对！

鱼老师　没事儿，咱们继续列举资料。案例部分，咱们还有什么资料？

珊　瑚　郑某诉携程——举证责任问题；请求权基础——侵权责任法而非消保法

刘某诉北京三快——举证责任 & 请求权基础问题

米龙诉云南世博集团——门票价格歧视。举证没问题，法院认为省内外居民差别定价不违反公平交易权

刘某诉南方日报社——同等价格报纸版数不同。法院

认为不违反公平交易权

鱼老师 文献部分？

珊　瑚 规制算法有利于保障人的尊严

算法歧视有违平等的一般原理

可引入差别性影响标准

如何规制算法？"手段"存在争议－算法透明不现实，但可以适度增强个人权利的配置

鱼老师 好哒。除了"比较法"部分，咱们其他资料都汇总完毕了，对不？

珊　瑚 对！

鱼老师 龙虾，数数，一共多少条资料？

龙　虾 16条。没列举出来，我还真不知道有这么多！

鱼老师 其实这真不算多。因为这些资料只是论文前两部分用到的。第三部分"比较法研究"咱们还没说到；第四部分"结论"咱们还没推演过。而且，咱们这是模拟写作练习，由我一路帮大家排除无关资料。真正到你写论文时，资料只会比这个多。

龙　虾 啥？

鱼老师 对啊。还记不记得咱们前面提到过的"迷宫"？即便你知道迷宫起点在哪、终点在哪，走迷宫的过程也同样

要不断走进死胡同。更何况,写论文哪有预先知道结论是啥的呢?

龙　虾　好吧。

鱼老师　没事,你习惯就好。言归正传,咱们一个一个地把小纸条给归个类?

龙　虾　好!做成了小纸条,至少我能肯定不会漏掉啥。

鱼老师　归类这事儿,有两种思路:一种思路,是从提纲出发,思考提纲某一部分需要哪些资料去论证。另一种思路,是从资料出发,思考这份资料能用来说明什么问题。不过,这两种思路都不绝对,咱们往往需要混合应用。海葵,你先来?

海　葵　好的!我觉得对于第一个小纸条——三个新闻报道而言,这个资料可以用,但不要放在正文。放在开头"引言"部分更好一些。这是因为论文应当是循序渐进、引人入胜的,所以,先用社会事件引出"大数据杀熟"已经成为了社会问题,是非常有必要的。

其实,我还想在引言部分用点儿学者著述,叙述一下"大数据杀熟"这事儿多么不受人待见。"保障人的尊严""有违平等原则"这两份资料就很好。

鱼老师　好,那么,咱们的提纲现在就长这样了?

一、引言

> 三则社会新闻——证明"大数据杀熟"的存在
>
> "保障人的尊严""有违平等原则"——学者对"大数据杀熟"也很不满

这就可以很自然地引出"犯众怒",随后只需衔接一下"不违法"就成了。

那么,接下来呢?"我国法综述"部分用哪些资料,怎么排列?

海　葵　这部分,除学者著述之外的几乎全部资料都用得上哎。

鱼老师　好。但是怎么用是个问题。龙虾、珊瑚,你俩分别排列一次,咱们看看是否有所差异?

龙虾 & 珊瑚　好!

龙　虾　那么,我先来?我觉得,要么就按照咱们研究的那个顺序,先做法条阐释,再做案例分析?我的结构是这样的:

```
          ┌──────────────┐
          │  我国立法综述  │
          └──────────────┘
┌──────────────┐    ┌──────────────┐
│ 米龙诉世博集团案 │    │ 柳某诉南方日报社案 │
└──────────────┘    └──────────────┘
┌──────────────┐    ┌──────────────┐
│ 刘某诉北京三快案 │    │   郑某诉携程案   │
└──────────────┘    └──────────────┘
```

鱼老师　为啥？

龙　虾　我觉得，应该首先综述一下我国法律，表示这个问题的确没有法律规制。然后进行案例综述，表示此问题在实践当中也的确没有法律规制。而且，"没有法律规制"这件事跟"算法"无关。在传统买卖当中，价格歧视就不违法；有了算法之后，价格歧视也不违法。

鱼老师　珊瑚，你觉得呢？

珊　瑚　我觉得，这个逻辑不能说不对，但是有点儿"跳"。给我的感觉是，把资料全都放在论文里了，等着读者自己发现资料与资料之间的关系。而且，我还有一点感觉怪怪的：咱们刚刚说过，论文开头是"案例导入"。所以，第一、二部分的总体结构就变成了"案例——法条——案例"。

海　葵　不仅如此，对于那4个案子，我也想换个顺序。毕竟，"法条"部分已经提到算法了。但案例部分又是"传统"案例，这个结构我也感觉"跳"！反复在主题与主题之间切换，对此领域略微不熟悉的读者可能就晕啦？

鱼老师　珊瑚，那么你觉得应该怎么改？

珊　瑚　老师，我想用一种"讲故事"的手法，您看行不？

鱼老师　你试试？

珊　瑚　好的！我的顺序是这样的：

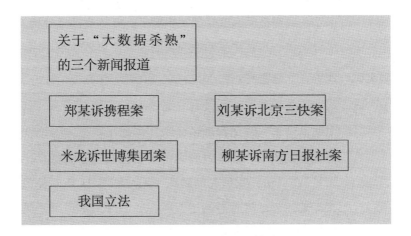

鱼老师 为什么呢？

珊 瑚 我的逻辑是这样的：第一部分"导入"咱们要分析的问题。第二部分接着上面的案例去写，即实践当中有争议，但法院审理的案子不多，且，的确没对"大数据杀熟"进行制裁。不仅没对这个进行制裁，而且也没对"非大数据""价格歧视"进行制裁——这倒不见得是"杀熟"，但"欺生"也是价格歧视。然后，再拿出"我国立法"分析此种现象的成因，即当事人没胜诉是有原因的，我国法律也确实没提供有效的救济。

鱼老师 海葵，你觉得这个逻辑如何？

海 葵 我觉得，这个逻辑应该没有"跳"的感觉了。引言部分的新闻案例和第二部分的法院判例能够有机结合起来了,共同把问题渲染的很丰满了。而"我国法分析"部分又进一步强化了问题存在的客观性和必然性。

鱼老师 龙虾,你觉得呢?

龙　虾 嗯,老师,我当然能看懂这种安排的好处。但是,我不明白的是,我读过的论文,几乎都是先做法律综述再分析案例的。就连老师您的论文也是这么写的!比如写 WTO 法,就是先回顾一下 GATT 第 21 条例外的文本是什么,然后再阐述,哪些案例对文本进行了阐释?为什么咱们这篇论文的顺序是倒过来的?

鱼老师 ……原来如此。我还真得表扬你一下,至少你认真学习了。我承认,大多数论文的写法很可能是法条在前案例在后,但这不是铁律啊。我举个例子,很久以前曾经发生了一起案例,年轻夫妇去医院做试管婴儿,但在胚胎移植前夕夫妇双双身亡。于是,胚胎的"祖父母""外祖父母"请求获得该胚胎。这起"冷冻胚胎案"你听说过吗?

龙　虾 听说过!虽然我不懂,但我至少知道案例事实。

鱼老师 你觉得,如果让你以此为题写篇论文,你是先写法条还是先写案例?

龙　虾 案例!这还用说嘛!这个案子引发轩然大波的一个重要原因,就是我国没有明确的法律规定。否则,法官只需按图索骥就行啦。

鱼老师　对。对此案进行评析的论文，多半是以案例开头，然后以此为契机阐发对我国民法的理解。所以？

龙　虾　所以，在处理"法律规定特别乱"的场景，应该是先写争议案例以挑明问题所在！如果法律规定很清晰但案例对某个词的理解不同，就应该先写法律规定，再写案例？

鱼老师　不。是你觉得咋舒服就咋写。我读博的时候，我导师就教导过我，不能死板地模仿某一篇论文的写作方法，因为"文无定法"。就算要模仿，也得想明白作者为什么这么写。不然就正如某个笑话讲的：有个笨裁缝模仿别人穿的西装自己也做了一件，结果把别人打的补丁也模仿了。

龙　虾　懂了。果然写论文是要带脑子的。

鱼老师　当然啊，写论文是创造性劳动，其创造性可不比画家、音乐家差。

所以，咱们现在第二部分也弄完了？接下来第三部分，比较法研究。大家思考下，这部分资料以什么顺序排布？

珊　瑚　我觉得第一个问题就是，先写欧盟还是先写美国？

鱼老师　你觉得呢？

珊　瑚　老师，这问题有标准答案没？

鱼老师　有。以逻辑顺畅为终极目标，即能够让读者们顺着一根逻辑线爬上来，不要弄太多岔路。

珊　瑚　懂啦。那么，我先写美国部分？

龙　虾　我先写欧盟部分不行吗？

鱼老师　为啥？龙虾你说。

龙　虾　因为欧盟部分比较短？毕竟，欧盟是"个人信息保护和算法治理"，而美国是"个人信息保护和算法治理都很弱，所以才用的民事权利保护路径"。

珊　瑚　我同意龙虾的说法，但我的原因有所不同。我认为，先写欧盟的个人信息保护和算法治理路径，就可以在写到美国部分时对比着写：与欧盟不同的是，美国没有……也没有……只需要一笔带过，美国没有欧盟某项制度就行了。但是，如果反过来先写美国，这就老麻烦啦。难道让我在"美国"部分写：美国没有……也没有……但欧盟有啊！那么我在欧盟部分写啥？

鱼老师　很好！只要你自己的逻辑足够通顺、且能够在写作时相互照应，具体顺序完全可以个性化安排。

海　葵　老师，我想问个事儿，其实，除了"先写欧盟还是先写美国"这两个选项，咱们还有第三个选项：不按国别写，按问题写，即"算法治理"vs"权利设置"。我知道，在本文当中，就算是"按问题写"也实际上等同于欧盟vs美国，但如果咱们做的是三个或者更多国家的比较法研究呢？也按国别写吗？

鱼老师　好问题！尽管我通常不会做多国比较法研究，例如某些同学写论文提笔就是"英美德法日比较研究"。这种现象在硕士论文写作当中尤其多见。但，如果你真地认为有必要这么研究，那么，强烈建议分类安排，即按照问题去写，然后每一类路径项下再写各国具体做法。

海　葵　好的，懂啦。

鱼老师　好，那么咱们第三部分逻辑也盘出来啦。咱们目前的提纲就长这样了：

> 一、引言
>
> 以案例引出问题；以学者著述引出此问题已引发关注
>
> 二、我国法综述
>
> 进一步以判例引出司法实践当中的问题；通过回顾我国法律规定指出现象成因：无法可依
>
> 三、比较法研究
>
> 欧盟—美国比较，揭示二者殊途同归——市场主导，权利优先
>
> 四、对策
>
> 五、结语（可写可不写）

那么，接下来的问题是，咱们如何推演出结论？

/ 第四幕　论文"结论"部分的推演 /

鱼老师　珊瑚,你能不能谈谈结论部分应该怎么写?

珊　瑚　老师,说来惭愧,我本科论文的结论部分写得就不咋样。答辩当天,老师们都说我论文写的虎头蛇尾,明明前面分析得挺好,但结论部分没写出啥新东西,只是把前面论述过的内容又重复了一遍。还有个老师说,这种写法写的不是"结论"而是"结语"。所以,我也不知道应该怎么写结论?

鱼老师　没事,咱们从头开始。我首先讲一种频繁出现在本科生毕业论文当中的结论写法。注意,这是反例:基于以上分析,我国应当制定某某法。龙虾,你来谈谈,这种写法有什么问题?

龙　虾　我觉得,全国人大应该没那么闲?

鱼老师　差不多。如果对于每一个新问题都需要立一部新法律,那么,我可以保证,咱们的法考课本得是现在的10倍厚。海葵,你对此怎么看?

海　葵　老师,我觉得,"结论"部分固然是需要对我国当前立法现状进行改革,但这并不必然以"全新立法"的形式存在。我读研的时候,曾经有一个刑法学的小伙伴这么对我说过:我们在分析问题时,应当首先假设,这个问题是能够在现行法律体系之下得到解决的。例如,进行法律解释或以案释法。如果真的解决不了,应当考虑是否在现行法律框架下进行小修小补而非动辄全新立法。

鱼老师 你这位小伙伴现在在干啥?

海 葵 他在北大读博。

鱼老师 我觉得他说得很对。他这么说,固然是有刑法学本身学科特性的原因,比如我国总不可能通过与《刑法》并行的刑事法律规范。但是,他这种说法客观上揭示了对策研究的一个特性:进行全新立法,很可能是一个笼统、抽象而不负责任的建议。毕竟,很多作者写到"应当制定某某法律"就收笔了,至多提几句这部法律可能具有哪几个条款。这些作者既不会认真揣摩法律条文应当如何设计,也不会考虑新立法与既有立法应当如何对接。而我们这里说的"对中国的启示研究",则是需要建构在我国现实需求上的,即现行制度究竟如何容纳下我们的全新需求?只有这种深入到制度内部的写法,才能写出新东西,而非对此前几部分研究结果的同义反复。

珊 瑚 我可能明白点了?

鱼老师 好,那么请你继续推论一下咱们这篇论文的"结论"部分?

珊　瑚　好的！基于以上研究，我能得出的第一个结论是，我国也不应当盲目规定全部价格歧视都是违法的，应当尊重市场力量。如果说得正式一点，就是我国也应当遵循"市场主导，权利优先"这个模式。具体来讲，就是应当尊重企业的定价权而不是全盘否定此种权利的存在。当然，如果企业愿意对定价权进行限制就更好。比如我曾经在淘宝上看到过"七天保价，买贵必赔"？

龙　虾　你啥时候看到过这个？

珊　瑚　双十一前夕，有问题吗？

龙　虾　没。我只是怀疑我逛了个假淘宝。

鱼老师　好，咱们第一个结论已经得出了。珊瑚同学非常值得表扬的一点，是她的第一个结论是从最宏观的层面——理念进行思考，即先奠定结论部分的基调：我国需要采纳某某理念。我很高兴看到，她没有从具体制度入手，要求我国仿造《通用数据保护条例》制定类似的立法！

珊　瑚　老师，咱们在第五周"比较法研究"部分不是提过么，比较法研究要"借鉴思路而非方法"？

鱼老师　你真棒！龙虾，你继续？结论部分第二个论点应该是什么？

龙　虾　如果说第一个层面是理念，第二个层面就应该是制度？

我觉得应该写，我国应当仿效欧盟路径。

鱼老师 为什么？

龙　虾 因为我国法律基础架构更像欧盟？我国《个人信息保护法》中具有类似于欧盟的个人信息保护条款，而且，我国也有关于自动化决策的专门规定。所以，放着这些现成规定不去利用，反而去学习美国，这不免舍近求远了。

鱼老师 很好！这就是与我国现行制度的有效对接了。具体来讲呢？

龙　虾 具体来讲，应该继续分成三个要点去写。第一个要点：中国更加适合效仿欧盟。第二个要点：应当规范个人信息的收集和处理，这部分需要强调"必要性"原则。还有，我觉得此前读过的"差别性影响"标准也可以借鉴一下。第三个要点：算法规制，即允许消费者获知自动化决策的基本逻辑或获得不针对消费者个人特性的选项。这方面咱们在进行文献回顾时也读过类似的文献，是吧？

鱼老师 好！写的时候一定记得衔接我国现行立法。

龙　虾 好的。老师，其实，我还有最后一个问题：咱们学习欧盟法和学习美国法，应该不矛盾是吧？美欧不是二选一对吧？

鱼老师　当然不是啊。你究竟想说啥？

龙　虾　嗯，老师，我想说的是，我国要不要也完善下反歧视法律？也就是说，不论个人信息是否保护、算法是否规制，咱们反歧视总没错是吧？换句话讲，消费者如果不想基于个人信息保护提起诉讼，例如消费者认为举证责任太难承担——前面那俩案子不都是如此么？那么，消费者完全可以基于算法造成了对民族或性别等"受保护的利益"的歧视提起诉讼。

鱼老师　非常好！你能想到这一层，我十分高兴。

龙　虾　那么，我把这一点放在最后行不？我国主要学习欧盟，但也不是不能采纳美国反歧视法律的先进之处？

鱼老师　可以啊。这样逻辑链条完全不会乱，而且客观上还与咱们比较法研究部分遥相呼应。那部分也是沿着"欧盟——美国"这条线索去写的。对吧？

龙　虾　哈，这么巧啊。没错！

鱼老师　大家如果没别的问题，咱们本周就到这里？下周咱们正式动笔啦。

珊　瑚　老师，我还有最后一个问题。我怎么知道我的结论是对的呢？

鱼老师　你为啥觉得你的结论可能不对？

珊　瑚　我就是不自信啊！这个"结论"如果是复制别人已经

说过的结论,您肯定说我没啥创新性。但如果是我提出的全新内容,我又会去想,为啥别人就从未提出过。所以,我想知道,究竟有没有什么办法能够复核一下我得出的结论对不对?

鱼老师　有啊。第一个方法:依常理推断,即你得出的结论不能违背一般人的逻辑和常识性判断。举个最简单的例子,"人不是你撞倒的,你为什么会去扶?"就是个违背常理的论断。当然,咱们法学领域的"常理",很可能是一般法理。再举个例子,咱们这篇论文,如果我建议要求取消电商算法定价权,你觉得这个结论怎么样?

珊　瑚　我感觉不靠谱,哪有开历史倒车的?

鱼老师　对,这就是复核结论正误的最简单方法。第二个方法,是判断逻辑是否严密,即你的"结论"部分与推理前提是否严丝合缝。这就涉及一点儿逻辑学常识了,不过没学过逻辑学也没关系,法科学生的逻辑思维都不会太差。我举个例子。"我国个人信息保护模式类似于欧盟"——"我国治理算法价格歧视现象,至少在个人信息保护问题上也应当效仿欧盟"。这个逻辑严密吗?

龙　虾　我觉得还成。"我们像欧盟,所以我们可以学"。这虽然不百分之百正确但基本不会差太多。

鱼老师　那么,如果我说,"欧盟模式更能保障人权"——所以我国治理算法价格歧视应当效仿欧盟。这个逻辑严密吗?

珊　瑚　不严密!哪怕前一句的判断是对的。但,"欧盟更好"又不必然代表着"我要学欧盟"。就好比"张老师是最棒的民法学者"并不代表"我一定要选他的课"。只有当我想要学好民法的时候,我才会去选他的课啊。

鱼老师　那么,如果要让你补足逻辑,你会在中间加一环什么?

珊　瑚　"欧盟模式更能保障人权"+"我国需要将人权保护作为算法价格歧视的首要目标"=我国应当效法欧盟。

鱼老师　很好!也就是说,抽掉后一个前提,这个推理逻辑就不严密了。对吧?

珊　瑚　对!我懂啦。也就是说,当我写论文结论部分时,需要注意的是,要得出结论,逻辑是不能断档的。

鱼老师　对。同时还需再强调一个问题:逻辑推理时,尽量不要使用价值评判,即你可以说,"某某方案更符合中国利益,所以我们要采纳它"。也可以说,"某某方案对我国当前法律框架的挑战更小,所以我们应该采纳它"。但不能说,"某某方案更好,所以我们要采纳它"。

后一种情形,就是典型的"价值评判",即你觉得某个方案好，但你并没有给出一个"为什么好"的证明。这样的论证就算不是循环论证，也是自说自话、其实没有论证。事实上，如果一个结论的论据十分充分且逻辑毫无瑕疵，那么，这个结论就不可能是错的。

对于结论正误，咱们还有最后一个方法，也可以说是判断标准：你的结论是否"接地气"？即这个论文结论必须与中国现行立法与利益需求完全一致。换句话讲，就是咱们下的很多结论，都不能只停留在"我们应该立一个某某法"层面。还要考量这个问题，如果立法，要如何与中国现行制度对接？中国现行制度能否承载你的立法建议？我国究竟需不需要你进行这种改革？缺乏这一层面论证的结论倒不能说是"错"的，但很可能是虚的。

龙　虾　老师，咱们刚才分析出的四个结论都不存在"虚"的问题，对吧？

鱼老师　不存在啊！让你"对接"倒不需要让你把立法建议甚至法条草案都写出来，只须写明加强某一问题当中的某一要素建构就行。

龙　虾　好的，懂了！

第六周

1. 思路整理的功能：专治"记不住"。

2. 一句话概括论文核心观点，在此基础上安排思路。

3. 将"一句话"当中描述的"现象"写成论文"提出问题"部分。

4. "论证"部分整理资料的两个思路：从提纲出发或从资料出发。

5. 结论推演：理念借鉴—制度对接。

第七周
论文开头的写作

/ 第一幕　开头的功能 /

鱼老师　同学们好！我们本周正式开始动笔写论文。动笔之前先说个事儿，咱们这周虽然安排的是"写开头"，但这并不意味着开头必须最先写。我自己写论文的时候，有时甚至是在草稿当中写个开头先用着，然后全篇都写完了再认认真真正式写个开头。这两种顺序都没关系。

龙　虾　老师，为啥？是因为"万事开头难"吗？

鱼老师　龙虾你不要开玩笑。"万事开头难"是指一个人真正想要去做一件事并不容易，一旦开了个头就会继续做下去了。但是，你觉得咱们现在还是处于写论文的"开头"阶段吗？

龙　虾　不是，这都第七周了！

鱼老师 对啊。其实到了"动笔"阶段,论文写作进程已经早就过半啦。所以,开头是最先写还是最后写肯定不是因为龙虾说的那个原因。写开头的难点在于,它是对全文的一个导入和概括。有的同学大局观比较强,动笔前已经"胸有成竹",所以让他提笔就概括全文一点都不难。但也有同学比较迷糊,在没写完全篇之前根本不知道怎么概括,你让他先写开头很可能是为难他。所以,大家视自己情况而定,这东西没有一定之规!实在写不出就先不要写,可以写完了全文再补充。

龙 虾 好的,我先试试哪种方式适合我。

鱼老师 顺便说一句,你们未来写硕博论文,那个"引言"一定是最后写的。千万别一动笔先写引言!海葵,你知道为什么吗?

海 葵 知道。因为硕士论文的引言当中要包括文献综述的,还要包括"本文的思路和创新"。没写完全篇,我怎么可能知道这篇论文使用了哪些文献呢,更别提综述这些文献了。同理,不写完全文,就更没法去写思路和创新啦。如果博士论文和硕士论文是同一个结构,那么,应该也是同理吧?

鱼老师 对!

海 葵 老师,我多问一句,除了"引言最后写"之外,博士论文其他章节是不是也不一定按顺序写?

鱼老师　对啊。比如你正文当中如果有几个平行章，那么你先写啥都行。例如，我自己的博士论文就有四个平行章，分别叙述同一个问题的四个表现形式。但是，对于线性结构的论文，一定按逻辑顺序写。比如，没写完"分析问题"就别贸然去写"解决问题"。

海　葵　好的，这个我理解。

珊　瑚　那么，开头的写作有技巧吗？就是类似于雅思论文模板那种？

鱼老师　我说有，你信不信？

珊　瑚　信？

鱼老师　真的有。当然，模板这东西也不是一成不变的，只是供你写不出开头的时候参考一下。如果有更好的方案完全可以改掉模板。

珊　瑚　好！

鱼老师　具体来讲，一个完整的开头只须写 4 句话。大家记 12 个字就行：下定义、提问题、重要性、列思路。咱们接下来一句一句演示写法。

/ 第二幕　第一句话定义主题 /

鱼老师　我们先来讲第一句话：下定义，即界定一下你这篇文

　　　　　　章究竟要写些什么。这种安排的原理首先在于切题，即对论文标题当中最关键那个法律术语作出解释，让人理解你到底要讨论一个什么问题。

珊　瑚　老师，可是，读者完全可能知道这个术语是什么意思？

鱼老师　读者"知道"和你去界定完全是两回事儿。说到这个，你有没有发现，在很多学术著作当中，作者完全可能会去回顾他人对某一核心概念的定义，然后在批判一番他人定义之后，或是支持其中某一派观点，或是提出自己的定义？

珊　瑚　嗯，见过！不仅学术著作会这么写，而且，教科书也会这么写啊。

鱼老师　这就是所谓的"发言权之争"，即如果我有权界定一个问题"是什么样"，我就有权在此基础上界定"应该怎么做"。打个比方，"市场经济"这个词，你们都很熟悉吧？海葵，你知不知道关于这个词的定义之争？

海　葵　知道！而且我至少知道两次争论！第一次，是20世纪80年代末，我国学术界曾经展开过关于"市场经济姓资姓社"的争论。第二次，是中国"入世"15年前后，美国曾经挑起过"中国是否是市场经济国家"的争论。

鱼老师　珊瑚，你看，这个例子能够证明什么？

珊　瑚　老师，我懂了！论文开头"下定义"，不是真的要对读者普法，而是奠定全篇论证的基调。

鱼老师　对！我再打个比方，"你妈觉得你冷"这句话都听说过吧？以此为基调，就可以直接奠定"你要不要穿秋裤"这个问题的胜负。

珊　瑚　明白啦。所以，"下定义"这句话是可以"夹带私货"的，对吧？

鱼老师　对！我给你们举个简单的例子：论不可抗力的认定。开头第一句，我们要定义不可抗力是什么。如果我把这个定义写成："不可抗力是指不可预见、不可避免、不能克服的事件。'不可预见'这一要件位于定义首位，其对于不可抗力认定的功能的重要性不言而喻。在新冠疫情期间尤为如此。"龙虾，你来谈谈，这个定义，我夹带了什么私货？

龙　虾　哈，懂了！明明三个要件同样重要缺一不可的。您这么强调，就把读者目光都吸引到不可预见问题啦。

鱼老师　对。那么，如果我要接着写一句，你猜我会写啥？

龙　虾　新冠疫情背景下的"不可抗力""可预见性"认定为什么重要？

鱼老师　正确！这其实是我们要写的第三句：重要性。不过，"重要性"问题咱们一会儿再谈。现在，我们仍然在讨论"下定义"问题。具体到本文需要讨论的内容,你们猜,咱们这篇论文的主题词应该是什么?

龙 虾 这篇论文要写的是"算法价格歧视('大数据杀熟')为何犯众怒但不违法?"所以,主题词当然是算法价格歧视。那么,我要不要这么写:"算法价格歧视是使用算法进行的差别定价"?

鱼老师 不是不行,但有点生硬。照你这么写,你的毕业论文恐怕 1000 字就能写完。鉴于咱们这是第一次写开头,头一句"下定义"我来给你写个例子:

> 随着数字经济的兴起,以算法为基础的人工智能定价也广泛应用于电子商务中。尤其是在面向消费者的电商交易当中,由于电商平台背后的算法定价规则,不仅同一商品的价格在一天当中会有波动,即便在同一时刻,不同的消费者能够获得的价格也会存在很大差异。此种情形在经济学中被描述为"个性化定价",有时也被称为"价格歧视"。

龙虾,你来谈谈,这个"第一句"和你写的"第一句"有什么区别?

龙 虾 老师,您这个开头不是一句话啊,是三句。

鱼老师 咱别计较措辞行不?"第一句"仅仅是个统称。

龙 虾 开个玩笑。您这段话当中,第一句话其实不是定义,是引入问题:"算法定价"很普遍。第二句话才是对于算法价格歧视的定义：消费者获得的价格有差别。第三句是承接第二句来写的：这个现象叫价格歧视。

珊　瑚　老师，我有点儿细节问题不理解。您第二句话，为什么要写"尤其是在面向消费者的电商交易当中"？这句有实际意义吗？

鱼老师　有。我提示你一下，这句话是对本文讨论的电商交易的限缩。

珊　瑚　如果说限缩，那么，限缩词肯定是"面向消费者"。可是，为啥要强调这一点呢？难道电商交易还有其他种类？

龙　虾　嘿嘿，有。我也提示你一下，B2B 和 B2C 你耳熟不？

珊　瑚　懂了懂了！B2B 是"商家面向商家"的电商交易！所以，此处强调"面向消费者"是为了排除 B2B 的情形。

鱼老师　对！那么，排除 B2B 的原因是？

珊　瑚　我想起来了，咱们回顾法条的时候曾经提到，《价格法》和《反垄断法》对于 B2B 和 B2C 待遇不同，当时我们还专门研究过这个要点。对待商家的差别定价很有可能就直接违法啦。

鱼老师　对，所以咱们在开头定义部分就稍微区分一下，把 B2B 这种情形直接排除出研究范围。毕竟，B2B 又不属于"犯众怒但不违法"，对吧？

珊　瑚　老师，我还有个问题。在第三句话，为什么要强调"在经济学中"？这么写有什么用意？

鱼老师　有，最直接的原因是"价格歧视"这个词还真是从经济学当中借用的。不过，还有个原因是承上启下。这个原因咱们讨论下一句写法的时候你就知道啦。

珊　瑚　那么，我最后一个问题哈。"不仅同一商品的价格在一天当中会有波动。即便在同一时刻，不同的消费者能够获得的价格也会存在很大差异"这句话，我有个猜想——这不是官方定义，对吧？

鱼老师　对啊。

珊　瑚　这么写，行吗？

鱼老师　行。所谓的"下定义"，并不是让你真正地给出教科书那样的定义，而是描述一下你究竟要写啥，读者能看懂就行。话说，这句话怎么来的，你能看出来不？

珊　瑚　能啊，这是从咱们读过的案子当中概括出来的，对吧？

鱼老师　对。那咱们继续，写"提问题"这句？

/ 第三幕　第二句话提出问题 /

鱼老师　这句话，还是我先写出来：

> 在法学语境之下,"歧视"一词往往意味着对特定群体平等权的侵犯。然而,在经济学语境之下,"价格歧视"一词在很大程度上等同于"差异化定价",在特定情形下甚至未必对消费者总体福利造成侵害。不过,经济学上的合理性,并不是算法价格歧视免受法律规制的"避风港"。这是因为,一方面,从消费者的主观感受来看,此种价格歧视直接有违商业伦理。传统商业伦理要求经营者公平待人,童叟无欺,而诸如"大数据杀熟"等现象与传统交易模式下的消费者心理预期(老客户应当更加优惠)直接相悖,某些自媒体甚至将此描述为对老客户的"恩将仇报"。电商经营者在实行价格歧视的同时往往以"技术原因"为由否认其歧视的故意,这又会进一步引发消费者对商家诚信的质疑。消费者的普遍不满,必然会影响社会主义市场经济的有序展开,因而需要法律加以调整。另一方面,经济学对效率的追求必须与法治对公平的维护相一致。算法价格歧视的利益驱动特质本身就暗含效率最大化原则,放任其滥用则极有可能固化社会不公,将利益置于人的价值之上。

这句话稍微有点儿长,咱们等会儿再讨论是否有更加简练的写法。我们先看第一句,珊瑚,你觉得这句话能否回答你刚才提出的问题？

珊 瑚 老师，我明白啦。您稿子里强调"经济学将其称为价格歧视"，是因为"经济学上价格歧视是中性的概念，但法学当中却将'歧视'一词作为贬义词。"这事儿本身就挺有意思。写了这句话，就可以顺理成章地提及"如何从法学角度解读价格歧视"这一现象了。

鱼老师 对，就是这个目的。我再问一句，"在法学语境之下，'歧视'一词往往意味着对特定群体平等权的侵犯。"这句话，你眼熟不？

珊 瑚 哈哈哈，眼熟啊。这不就是咱们之前读过的某篇文献的主旨吗？当时咱们讨论论文思路时曾经说过，这个文献放在开头比较好，可以用来证明"大数据杀熟"合法性讨论有多重要。

鱼老师 对，就是从那儿来的。

珊 瑚 老师，我又看了一眼笔记。咱们设计论文撰写思路的时候，还在开头部分放进去一个文献：价格歧视有违人的尊严。这句话也写进去了？

鱼老师 对，你找找？

珊 瑚 最后一句话，"另一方面"那句话句末"将利益置于人的价值之上"。对吧？

鱼老师 对。我自己理论水平很低，根本想不出，"大数据杀熟"问题有什么法理学上的意义。但没关系，文献会替我想出这些意义啊。咱们接着看，按照龙虾同学的说法，这也不是一句话，而是一段话。从开头到"避风港"是承上启下；从"这是因为"开始，正式介入对"大数据杀熟"合法性问题的质疑。还记不记得，咱们讨论结构的时候，是怎么规划开头部分的？

海　葵　记得啊，这部分用几个新闻案例切入"大数据杀熟犯众怒"。

鱼老师　是的。所以，"一方面"这几句话，讲的就是"问题"的出现——普通民众对商业伦理的理解，不支持"大数据杀熟"的存在。其中，"从消费者主观感受来看，此种价格歧视直接有违商业伦理"，概括了问题的成因之一。至于"恩将仇报""将'大数据杀熟'描述为技术原因"这几句则是直接来源于新闻报道。而"另一方面"，则是从理论上分析"大数据杀熟"的社会影响——"社会不公"。到此为止，"问题的提出"就结束了。

不过，需要说明的是，此种写法并不是唯一的写法。嫌"不够直接"的同学完全可以把"第二句"换个更加简洁的方案。海葵，你要不要试试？不加资料，就用现有资料换个写法就行。

海　葵　好啊。

> "价格歧视"一词在经济学当中或许是中性的;但"大数据杀熟"在舆论当中却往往代表着公众对电商的不满。新闻报道当中,屡屡可见消费者对此的质疑。例如,曾有消费者指出,同一电商平台向其显示的化妆品价格高于其朋友;也有消费者表示,在同一订餐平台同时下单,其配送费高于办公室的同事。对此,商家往往以"技术原因"为由拒绝给出正面答复,但消费者的不满与"大数据杀熟"的长期共存却是不争的事实。

鱼老师 珊瑚,你觉得咋样?

珊 瑚 我觉得很好啊。同样的材料,写出来感觉居然不一样!

鱼老师 的确!写作这事儿原本就有着不同的风格。即便是同样的材料,不同的人写出来感觉都不一样。那么,咱们继续往下写第三句?

/ 第四幕 第三句话"重要性"/

鱼老师 第三句话"重要性",其实是四句话当中最好写的一句。这句通常不是很长,功能是阐释一下前文提出的问题的重要意义。这句话可能有两种写法:正写和反写。所谓"正写",是指直接写"解决此问题有助于……"所谓"反写",则是写某问题不解决将会产生什么负面影响。

两种写法挑一个就行,但通常很少同时使用。

由于这句话很简单,所以,我就不写啦。珊瑚、龙虾,你俩一人挑一种写法?

珊　瑚　好!那么我"反写"吧,接着海葵师姐上面那句话写。

> 此种现象不仅有违平等权的一般原理,也容易导致社会不公、影响人的尊严的实现。

咋样?

龙　虾　你偷懒!这不就是文献综述里那两句话吗?

珊　瑚　有问题吗?

鱼老师　没问题。这么写也是个思路。从海葵的"媒体报道"过渡到"学界看法",逻辑上是融洽的。

龙　虾　好吧,那我"正写"。

> 消费者对算法价格歧视的不满,意味着对此进行法律规制的现实需求。算法价格歧视对人的尊严的侵害,意味着对此进行规制的法理必然。

咋样?

鱼老师　很好!居然上下文有点儿对仗的意味。

以上两种写法都是合格的。那么咱们继续，最后一句话，列思路？

/ 第五幕　第四句话全文思路介绍 /

鱼老师　这最后一句话"列思路"，实际上是为什么有些同学在动笔之初写不了开头的重要原因。这句话的写法，就是描述一下全文思路如何展开。但有的同学，只要论文没写完，让他去讲思路简直就是要命！所以，对于这种同学，我建议他全篇写完再写开头。如果实在有强迫症不想这么写，必须写完开头才能继续往下写，那么，我的建议是，把第四句话空着别写。全篇写完再回来写这句话。当然，咱们由于论文提纲都列完了，所以，我估计你们应该不可能写不出这一句。海葵，你试试？

海　葵　好啊。

本文将从我国的立法与司法实践入手，分析"大数据杀熟"现象规制困难的成因，并以美欧比较法研究为进路，为我国提供问题解决之策。

老师，行不？

鱼老师　可以。没问题！

那么，咱们本周就到此结束，我们现在就有开头啦。下周咱们写正文！

第七周

1. 开头很可能是最后写的。
2. "下定义"——界定主题。
3. "提问题"——为啥这事儿不对劲？
4. "重要性"——所以我要研究。可以是"正写"或者"反写"。
5. "列思路"——全篇要怎么分析这个问题？

珊瑚同学的课堂笔记

第八周
论文正文写作

/ 第一幕　导入段 /

鱼老师　来，咱们现在正式进入正文写作阶段了。紧接开头的第二部分，我们要写我国对算法价格歧视的规制现状了，对吧？珊瑚，你来说，第一句写啥？或者说，第一段写啥？

珊　瑚　哈，老师，这个我知道！我本科时写作课学过，论证的整体结构是"总分总"，即如果我要论证一个问题，第一段是总体概括一下我这部分要写啥，随后分几段论述这个问题，然后最后一段是总结我的观点。对吧？

鱼老师　对！

龙　虾　我多问一句哈，前一个"总"和后一个"总"有啥区别？

珊　瑚　这俩是递进关系啊。第一个"总"要么描述一下"我下文要论述啥",要么简单提一下我的观点。第二个"总"就更加详细。比如,"基于某某原因,某问题是不成立的"。这个"某某原因"就不会出现在开头,但一定出现在"分"的那几段论证当中。

龙　虾　好,我先围观一下?

鱼老师　那么,珊瑚,你要不要把咱们第二部分的开头写一下?如果记不清咱们要写啥,可以回去翻翻笔记。

珊　瑚　没事,我能记住。不就是我国案例与实践么。那我写了哈:

> 对我国算法价格歧视问题现状的分析,须同时考量我国的司法实践与立法现状。目前,我国算法价格歧视问题的现状是,算法价格歧视虽然犯众怒,但并不违法。

行不?

鱼老师　珊瑚,你能别这么生硬么?

珊　瑚　老师,我不明白哎。咋了?

鱼老师　意思对了,但语言最好委婉点儿,我给你做个示范。

> 对我国算法价格歧视规制现状的回顾，将始于对司法实践的综述。通过对案例的检索发现，本文开头所论及的数起"大数据杀熟"争议无果而终并非偶然。司法实践当中，"大数据杀熟"问题正面临着"犯众怒但无制裁"的局面。所谓"犯众怒"是指算法价格歧视已经引发方方面面的不满；而所谓"无制裁"，则是指我国当前并无一起案例是消费者以算法价格歧视为由起诉电商并获得胜诉的。以下两起典型案例均是如此。

珊　瑚　……老师，您是在跟我展示如何把一句话写成一段话嘛？

鱼老师　我还真没在灌水。海葵，你来说说，为啥我把珊瑚的两句话给扩展开了？

海　葵　两方面理由：其一，"承上"。"本文开头所论及的数起'大数据杀熟'争议无果而终"这句话是呼应开头的。其二，"犯众怒但不违法"这句话是需要解释的，否则，读者很可能不知道是啥意思。

珊　瑚　可是，读者难道不是读完案子就知道是啥意思了吗？

鱼老师　读者当然可以，但你不能期待他们去猜。咱们写论文，要尽量让读者读起来省事儿，一眼就能看懂你要说的是啥。

珊　瑚　　老师，您的意思是让我把读者当"法盲"去写？

鱼老师　　那倒不是。至少从基础知识层面，你不需要给读者普法。但是，在逻辑架构上，你一定要"小碎步快走"，给读者留下一行清晰的足迹，让读者毫不费力就能跟上你的步伐。我举个例子，以下两个表述，你喜欢哪个？

第一句：合同是指平等主体之间设立、变更、消灭民事法律关系的协议。合同是平等协商的产物。

第二句：合同是指平等主体之间设立、变更、消灭民事法律关系的协议。正是因为合同缔约方均为平等主体，任一方均不具有命令另一方的地位，因此，合同的缔结仅可能是平等协商的产物。

珊　瑚　　第二句！您的意思我懂啦。也就是说，我理解的逻辑关系不能只停留在我自己的脑子里，得明明白白地写出来。

鱼老师　　对！刚才我写的那一小段，我解剖逻辑关系给你看哈：

对我国算法价格歧视规制现状的回顾，将始于对<u>司法实践</u>的综述。

<u>通过对案例的检索</u>发现，本文开头所论及的数起"大数据杀熟"争议无果而终并非偶然。

司法实践当中，"大数据杀熟"问题正面临着<u>"犯众怒但无制裁"</u>的局面。

所谓<u>"犯众怒"</u>是指算法价格歧视已经引发方方面面

不满；

而所谓"无制裁"，则是指我国当前并无一起案例是消费者以算法价格歧视为由起诉电商并获得胜诉的。

以下两起典型案例均是如此。

司法实践	案例
司法实践	分别解释"犯众怒"与"无制裁"两个词

"本文开头所论及的"与"以下"分别是"承上"与"启下"。

清楚了吗？

珊 瑚 清楚了！我能看到"小碎步"了，每一句都是前一句的推进。

鱼老师 是，这其实是写论文的一种理想状态：海浪式推进，一层接一层。每一层的"头"，都接着上一层的"尾"。

珊 瑚 好，那么这段我懂了。接下来我们该叙述案例了，对吧？

鱼老师 对啊。龙虾，你要不要试试怎么阐述？

/ 第二幕 阐释案例 /

龙　　虾　老师,有啥需要我注意的没?我没写过这东西啊。

鱼老师　有。你觉得应该按照什么顺序阐述案件?

龙　　虾　嗯,阐述完一个再阐述第二个?

鱼老师　那么,如果是三个案子呢?

龙　　虾　一、二、三?

鱼老师　你让我想到中学课本上财主家的傻儿子学写"万"字的故事。

龙　　虾　老师,不对吗?反正就两个案子哎。

鱼老师　对,反正就两个案子。这是由于咱们这个领域原本也没几个案子。不过,如果案子很多呢?

龙　　虾　分类?

鱼老师　对。案例的分类就是我要说的内容。这个"分类"可以有两种方法:一种是按照案子本身分。举个例子,我从前写过一篇论文,其中的八个案子就可以分为三类,因为其中的核心争议完全不同,即同类案子分为三种诉因。另一种是按照争议焦点分,即不论有多少个案子,其中就仅仅包括两个争议焦点,那么，我就完全可以写成"对于第一个问题……""对于第二个问题……"具体是哪种，看你喜欢。

龙　虾　懂了！那么，这两个案子，我两种写法都行，是吧？

鱼老师　行啊。要不试试？

龙　虾　好。那我试其中一种吧，按争议焦点去写。

> 　　两起案例当中，法院驳回原告起诉的重要原因，均在于原告未能成功举证的确存在"大数据"区别定价。在"刘某诉北京三快科技有限公司"案中，长沙市中级人民法院认为，刘某虽主张其与同事配送费相差 1 元，但双方并未同时下单，因而无法说明区别定价的存在。而对于刘某所主张的新华社对于"被上诉人利用'大数据杀熟'进行的价格欺诈"报道，以及上诉人补充提供的更多同一时间、同一地址、同一商家、同一服务的截图以证明新老用户不同价，此案两审法院均未采纳其作为证据的效力。与之类似，在"郑某诉上海携程案"当中，上海市长宁区人民法院同样认为，原告查询机票价格的时间存在一定的间隔，机票价格的变动幅度也在合理范围内，因此，不能因价格波动就认定区别定价的存在。

老师，这是我写的第一个争议焦点，您看如何？

鱼老师　珊瑚，你觉得咋样？

珊　瑚　老师，我觉得很好啊。我能够看得出，龙虾写这一段是进行了通盘考量的。首先，第一句是总起句，能够概括本段核心观点。其次，第一个案子和第二个案子之间有一个"与之类似"，这样就容易让读者看到两起案件存在共同之处。最后，描述两起案例的措辞也有些类似。描述第一个案子时，他使用的是"并非同时下单""相差1元"。描述第二个案子时，他使用的是"查询机票价格的时间存在一定的间隔""机票价格变动在合理范围内"。二者隐隐存在呼应关系。

龙　虾　嘿嘿，谢谢夸奖！其实是原判决写得好，我这几句可是判决里面的。

海　葵　师弟你别谦虚。至少你成功地把要点从判决当中提溜出来啦。

鱼老师　对！那么，第二个争议焦点是什么？珊瑚，你接着往下写行吗？

珊　瑚　好的。下一个争议焦点是请求权基础啦。我来写。这个容易！

> 就请求权基础问题而言，"刘某诉北京三快科技有限公司案"并未明示；而在"郑某诉上海携程案"当中，法院并不认可原告能够以侵权责任为请求权基础。法院表示，被侵犯权益必须在《侵权责任法》第2条列举的民事权益范围之内，方可获得救济。但该条款当中的"民事权益"并不包括原告主张的知情权与公平交易权。原告或可基于《消费者权益保护法》主张上述权利，但请求权基础应当是合同之诉而非侵权之诉。不过，鉴于该案当中携程公司仅为订票平台而非航空公司，其与原告并不存在合同关系。原告据此提起诉讼也同样存在请求权基础瑕疵。

龙　虾　这个的确容易！因为第一起案件就没讨论这个问题么。你只需要概括一下第二起案件就行啦。

鱼老师　对。不过也得提一句：第一个案件没提这茬儿。

龙　虾　老师，我还有个问题，刚才您说两种写法都行是吧？

鱼老师　对。

龙　虾　老师，那我再写一遍前一种写法？

鱼老师　好，值得鼓励！

龙　虾　那我写啦。我写简单点儿？

> 在"刘某诉北京三快科技有限公司案"中,法官并未对实体问题进行分析,其重心主要集中在举证责任问题。法院认为,刘某有义务证明商家有区别定价的行为,但在本案当中,刘某与其同事并非同时下单,因此其举证"配送费相差1元"并不足以证明定价存在差异。
>
> 在"郑某诉携程案"当中,法院同样对举证责任问题进行了分析。上海市长宁区法院认为,原告主张的"差别定价"实际上发生在不同的查询时间当中,且价格变动幅度在合理范围内。这无法证明区别定价的存在。不过,与"刘某诉北京三快案"不同,此案当中法官就请求权基础问题进行了分析……

老师,后面我不写了,行不?

鱼老师　行。海葵,你觉得龙虾写的咋样?

海　葵　我觉得很好啊。我发现,他在写的过程中有意做到了照应,比如,"同样对举证责任进行了分析""不过,与'刘某诉北京三快'案不同……"这就很棒!

龙　虾　嘿嘿,谢谢师姐。

鱼老师　总之,咱们现在是两个案子,所以怎么写都行。但如果案子很多,就得考虑怎么写不会乱啦。

龙　虾　好!

/ **第三幕　分析段的写作** /

鱼老师　那么咱们接着写？案例部分咱们也写完了，后面该写啥啦？

珊　瑚　对案例的分析。

鱼老师　很好！我带本科生论文的时候，经常发现会有小朋友长篇大论地阐述了案例怎么判，后面跟了一句话结论：由此可知……

每当我看到这种句子，我就想跟小朋友说：由此不可知！我真不知道！

珊　瑚　就是像咱们刚才讲"导入段"时说过的，要海浪一样一层层地写出来？

鱼老师　对。接下来的案例分析段，海葵你来？

海　葵　好的！

鱼老师　来，跟我说，第一句怎么写？

海　葵　老师，这句话有啥讲究？

鱼老师　没啥讲究，就是个立论，即为全篇定基调。

海　葵　好，那么我先想一下基调问题。您看这句咋样？

> 上述分析表明，消费者若就算法价格歧视问题维权，将会面临两重法律障碍。

鱼老师 为什么要从消费者角度写呢？而不是"上述分析表明，'大数据杀熟'不违法主要是由于两个原因"？

海 葵 很简单啊。因为导入段最后一句是"所谓'犯众怒'是指算法价格歧视已经引发方方面面的不满；而所谓'无制裁'，则是指我国当前并无一起案例是消费者以算法价格歧视为由起诉电商并获得胜诉的。以下两起典型案例均是如此。"

所以，我这个分析段就要和导入段最后一句衔接上啊。既然前面说过"我国没有消费者胜诉的案例"，那么，这里就应当写"消费者面临的法律障碍"是什么。当然，如果这句写成"上述分析表明，消费者难以胜诉的原因包括如下两重"也可以，反正都是一个意思。而老师您说的那句话"上述分析表明，'大数据杀熟'不违法主要是由于两个原因"很明显和导入段最后一句接不上。

鱼老师 很好！论文写作就应当是环环相扣的。

珊 瑚 老师，写论文真麻烦……

鱼老师 不麻烦，写的时候不断往上看就行啦。其实保证叙事视角的一致性是写任何东西的前提。

海　葵　那我写啦。

> 上述分析表明，消费者若就算法价格歧视问题维权，将会面临两重法律障碍：其一，在算法本身不透明的情况下，消费者如何证明自身受到了价格歧视？两起案件当中，无论是媒体报道还是价格截图，法院均不认可其足以成为证据。其二，消费者如何寻求请求权基础？侵权法并不支持对于知情权与公平交易权的侵权之诉，合同法也同样不支持消费者对电商平台提起诉讼。这就意味着消费者难以寻得适当的诉因以保护其权利。

鱼老师　很好！请大家注意，这一段的写作特点是要"概括"，即高度凝练地对案例进行叙述并提取要点。大家还记得吧，"案例"部分明显比这段详细得多，或者说，假设咱们把这个分析段的句子搬到上面的案例阐释段去，会怎么样？

龙　虾　会看不懂。

鱼老师　对。案例部分的要点是让读者厘清案例的具体说理逻辑，而分析段是在读者已经明白了说理逻辑的情况下进一步概括。所以，一定要注意详略，尤其不要在分析段把前面的内容再说一遍。

龙　虾　懂啦。

/ 第四幕　夹叙夹议的写作方法 /

鱼老师　好,那么我们第一层内容案例分析,就写完了。然后,咱们接下来写什么?

龙　虾　我翻翻笔记?啊,想起来了!案例写完了,该写法条了!咱们之前讨论过,先写案例;然后再写,上面案例判的不好,是因为法律没有明文规定。所以"先写案例再写法条"。我还记得,咱们从前讨论过,如果是"法条规定了,但案例进行了拓展",就是先写法条再写案例。

鱼老师　很好,记性不错!那么,你觉得这部分写的时候要注意啥?

龙　虾　我记得咱们从前写过一次法条综述,我觉得这部分可能也有两种写法:一种写法是先把法条综述复制过来,然后下面再写评述,就像咱们刚才写案例分析那部分就是先写案例再写"由此可知"。另一种写法是直接用评述的语气去写法条。我举个例子,第一种写法好比"隔壁的张三今年考上公务员了"。第二种写法好比"你看看你,比隔壁张三还大1岁,他都考上公务员了你怎么还没毕业?"

海　葵　师弟,你是被你奶奶数落了吗?

龙　　虾　对。她老人家下一句是问我啥时候能找到女朋友啊？

鱼老师　那么，龙虾，你倾向于哪种写法？

龙　　虾　要么，我都写一遍看看？我也不知道啊。

鱼老师　好。

龙　　虾　那我写第一种啦。

> 上文是对我国相关判例的分析。下文对我国现行立法的分析也同样能够反映出，"大数据杀熟"现象目前的确无法可依。
>
> 我国《消费者权益保护法》对于消费者与价格相关权益主要进行了如下规定：该法第8条当中界定了消费者的知情权，即消费者有权得知商品的价格。法律在此的要求是"真实"，即消费者有权获知商品的真实情况。第10条当中界定了消费者的公平交易权。具体到价格问题，消费者有权获得"合理"的价格。但其中对于何为"合理"并未明示。
>
> 如果说《消费者权益保护法》是基于"消费者"这一身份进行的保护，那么，《电子商务法》和《个人信息保护法》就是基于"算法"这一营销手段进行的规制。具体来讲，《电子商务法》一方面允许经营者基于消费者个人信息（如兴趣爱好、消费习惯）

进行营销，但另一方面要求其必须提供"不针对其个人特征"的选项，即非个性化选项。与之类似，《个人信息保护法》同样要求经营者"利用个人信息进行自动化决策"必须提供"不针对个人特征的选项"，但其中同时赋予了经营者避免就交易价格实施"不合理的差别待遇"的义务。

最后，我国法律理论上存在对于价格歧视的直接规定，但耐人寻味的是，这些规定仅适用于经营者之间，并不适用于经营者与消费者之间。具体来讲，《价格法》第14条仅仅禁止经营者对具有同等交易条件的"其他经营者"实行价格歧视；而我国《反垄断法》第22条虽明确论及禁止算法价格歧视，但此义务也仅仅施加给了"具有市场支配地位的经营者"而非全部经营者，且此类经营者如有正当理由也可豁免此规定。

由以上对法条的分析可知，依据《消费者权益保护法》对消费者的知情权进行保护，即便双方存在合同关系，但"知情权"一词至多能够保护消费者知道自己购买商品的价格，但不一定包括其他消费者能够获得的价格。《消费者权益保护法》同样能够保护消费者的公平交易权。但上述判例也表明，"机票价格波动在合理范围内"，因此不存在显

> 失公平的现象，自然也就不影响公平交易权。
>
> 依据《电子商务法》对电商行为进行限制同样不是很方便。这是因为《电子商务法》要求提供不针对消费者个人信息的选项，且我国《个人信息保护法》也有类似规定。但在上述案例当中，消费者起诉的事由也并不是商家没有提供此选项，而是要求获得和其他消费者一样的待遇。
>
> 最后，《价格法》和《反垄断法》都不适用于消费者交易。所以此处的规定同样不适用于"大数据杀熟"案件。

鱼老师 写完了？感觉如何？

龙　虾 不咋样。我后悔了，这么写太累了！我自己的思路得跳来跳去。开头一句是过渡句也就算了。中间对法条的阐释是我复制此前做的法条综述，但后面的评述句，我还得一边写一边去看上文的法条综述。现在的结构变成了这样：

> 《消费者权益保护法》法条
>
> 《电子商务法》和《个人信息保护法》法条
>
> 《价格法》和《反垄断法》法条
>
> 《消费者权益保护法》适用评述

> 《电子商务法》和《个人信息保护法》适用评述
>
> 《价格法》和《反垄断法》适用评述

怎么看怎么别扭，我觉得读者应该也觉得思路太跳了。

鱼老师　的确。现在的结构像是"123123"，的确有些"跳"。那么，你想咋样？

龙　虾　我刚才写一半就想换结构了，换成"112233"，就是这样：

> 上文是对我国相关判例的分析。下文对我国现行立法的分析同样能够反映出，"大数据杀熟"现象目前的确无法可依。
>
> 我国《消费者权益保护法》对于消费者与价格相关权益主要进行了如下规定：该法第 8 条当中界定了消费者的知情权，即消费者有权得知商品的价格。法律在此的要求是"真实"，即消费者有权获知商品的真实情况。该法第 10 条当中界定了消费者的公平交易权。具体到价格问题，消费者有权获得"合理"的价格。但其中对于何为"合理"并未明示。以上对法条的分析可知，依据《消费者权益保护法》对消费者的知情权进行保护，即便双方存在合同关系，但"知情权"一词至多能够保护消费者知道自己购买商品的价格，但不一定包括其他消费者能够

获得的价格。《消费者权益保护法》同样能够保护消费者的公平交易权。但上述判例也表明，"机票价格波动在合理范围内"，因此不存在显失公平的现象，自然也就不影响公平交易权。

如果说《消费者权益保护法》是基于"消费者"这一身份进行的保护，那么，《电子商务法》和《个人信息保护法》就是基于"算法"这一营销手段进行的规制。具体来讲，《电子商务法》一方面允许经营者基于消费者个人信息（如兴趣爱好、消费习惯）进行营销，但另一方面要求其必须提供"不针对其个人特征"的选项，即非个性化选项。与之类似，《个人信息保护法》同样要求经营者"利用个人信息进行自动化决策"必须提供"不针对个人特征的选项"；但其中同时赋予了经营者避免就交易价格实施"不合理的差别待遇"的义务。

依据《电子商务法》对电商行为进行限制同样不是很方便。这是因为《电子商务法》要求提供不针对消费者个人信息的选项，且我国《个人信息保护法》也有类似规定。但在上述案例当中，消费者起诉的事由也并不是商家没有提供此选项，而是要求获得和其他消费者一样的待遇。

> 最后，我国法律理论上存在对于价格歧视的直接规定，但耐人寻味的是，这些规定仅适用于经营者之间、但并不适用于经营者与消费者之间。具体来讲，《价格法》第 14 条仅仅禁止经营者对具有同等交易条件的"其他经营者"实行价格歧视；而我国《反垄断法》第 22 条虽明确论及禁止算法价格歧视，但此义务也仅仅施加给了"具有市场支配地位的经营者"而非全部经营者，且此类经营者如有正当理由也可豁免此规定。因此，《价格法》和《反垄断法》都不适用于消费者交易。所以此处的规定同样不适用于"大数据杀熟"案件。

鱼老师 我看懂你说的"112233"是啥了。就是不"写完法条再评述"，而是"写完一个法条就评述一下这个能不能适用"。对吧？

龙　虾 对！可是，我还是觉得别扭。但又说不出来别扭之处在哪。

鱼老师 海葵，你发现了吗？

海　葵 发现了。这不就是刚才咱们说的第一种写法的"加长版"吗？咱们刚才说的"另一种写法"，是"直接用评述的语气去写法条"。而龙虾组合出来的这几段，是先写法条是什么再加评述。

鱼老师 那么,你会用"评述的语气"写吗?

海 葵 我试试?我先写一段吧,写个麻烦点儿的。

> 在上述"郑某诉上海携程"案当中曾经原则性提及,如果消费者与电商之间存在合同关系,或可依据《消费者权益保护法》提起诉讼。不过,上文分析的两起案件,却并无一起采用此种诉因。事实上,消费者依据"侵权"这一诉因起诉或许并非其诉讼策略疏失,而是由于当前并无适当的法律基础维护其权益。
>
> 这是因为《消费者权益保护法》应用到算法价格歧视问题并不方便。在《消费者权益保护法》当中,与算法价格歧视最为相关的条款为第10条:"消费者在购买商品或者接受服务时有权获得质量保障、价格合理、计量正确等公平交易条件";第8条:"消费者享有知悉其购买、使用的商品或者接受的服务的真实情况的权利。消费者有权根据商品或者服务的不同情况,要求经营者提供商品的价格、产地、生产者、用途、性能、规格、等级、主要成分、生产日期、有效期限、检验合格证明、使用方法说明书、售后服务,或者服务的内容、规格、费用等有关情况。"这也是上文曾援引的一起案件当中论及的"公平交易权"与"知情权"的法律渊源。

> 不过，此处问题在于，"价格歧视"的存在并不等同于价格"不合理"。而合理的价格尽管因人而异也同样属于公平交易。此外，消费者"知情权"也仅仅包含知悉"其购买、使用的商品的真实情况"的权利，这并不包含知悉"其他消费者"购买、使用的商品的真实情况。

老师，我先写这些？

鱼老师 好。那么咱们来讨论一下这种写法与上两种写法的区别？

珊 瑚 我觉得，这种写法与龙虾第二种写法的区别是，师姐结合案子去写了。比如这句：这也是上文曾援引的一起案件当中论及的"公平交易权"与"知情权"的法律渊源。这就把法条和案子结合到一起了。

然后，再下一句："不过，此处问题在于"，其实呼应的是第一小段过渡句当中提到的"就算有合同，消费者权益保护法也不大好用"。

鱼老师 好。然后咱们再分析一下语言艺术问题。

我们看这句：

> "价格歧视"的存在并不等同于价格"不合理"。而合理的价格尽管因人而异也同样属于公平交易。

大家看出来什么没？

龙　虾　看出来了，和我之前写的有区别。我是这么写的：

> 《消费者权益保护法》第 10 条当中界定了消费者的公平交易权。具体到价格问题，消费者有权获得"合理"的价格。但其中对于何为"合理"并未明示……《消费者权益保护法》同样能够保护消费者的公平交易权。但上述判例也表明，"机票价格波动在合理范围内"，因此不存在显失公平的现象，自然也就不影响公平交易权。

我写的真没师姐清楚。

鱼老师　龙虾，你写的已经挺不错了。尤其是后一句，"上述判例也表明，'机票价格波动在合理范围内'，因此不存在显失公平的现象，自然也就不影响公平交易权。"

其实，你和海葵都下意识地适用了一种叙述方法：从法条或判例当中的某个词出发进行演绎。比如海葵写的"歧视不等于不合理""合理价格即便波动也公平"。这里的"合理""公平"其实都是在"点"法条的"题"。龙虾你的后一句"不存在显失公平自然也就不影响公平交易权"也是同理。此种写法，其实咱们中学作文也曾经用过。比如，我们那会儿有篇范文叫作"论勤奋"，是一篇议论文。那篇范文的分论点就是"勤能出成果"和"勤能补拙"。

珊　瑚　老师，我明白啦。也就是说，这种评议性句子要抓住关键词去"评",对吧?

鱼老师 对。当然,至于这个句子你怎么写更漂亮,那就是你自己的语文功底问题了。这就好比网上有个段子,有的人看到了一片湖水会感慨"秋水共长天一色",而也有的人只会说"这水可真蓝"。

珊 瑚 好吧!

鱼老师 珊瑚,那么我再考考你,海葵的这一句,是抓住了什么关键词?

> 此外,消费者"知情权"也仅仅包含知悉"其购买、使用的商品的真实情况"的权利,这并不包含知悉"其他消费者"购买、使用的商品的真实情况。

珊 瑚 "其"?这个"其"是法条当中的,指代的是"消费者"。所以师姐后面又多写了一句,"不包含知悉其他消费者……"

鱼老师 对。

龙 虾 老师,我还有个问题。咱们这就写法条了?我记得还有两个案子没分析呢?

鱼老师 海葵,你打算放哪儿?

海 葵 别急,我马上要写到。那我接着刚才这段写啦?

> 事实上，即便不谈"算法"，在传统交易当中，我国司法实践通常也不承认价格波动行为会违反《消费者权益保护法》。例如，在"刘某诉南方日报社案"当中，法官就认为不同地区发行不同版数报纸属于市场经济条件下合法的价格歧视；"米某诉云南世博园"案中，法院也认定"本地与外地消费者门票价格不同"不影响消费者公平交易权。

龙　虾　懂了。这也行？

海　葵　啥叫"这也行"啊。这不就是经典写法——用案例阐释规则么！我先写规则是"司法实践不支持价格歧视违法"，然后用案例证明这事儿存在。

龙　虾　……好吧，忘了。

鱼老师　那么咱们继续结合法条往下评述？消费者权益保护法写完了，该写啥了？

龙　虾　《电子商务法》。

鱼老师　好，海葵你继续？

海　葵　好的。

> 除《消费者权益保护法》之外，算法价格歧视多产生于电商经济，因而须受《电子商务法》规制。根据《电子商务法》第18条的规定，"电子商务经营者…

> 应当同时向消费者提供不针对其个人特征的选项，尊重和平等保护消费者合法权益"。此条款是我国首次以立法的形式对算法进行规制，也被众多学者认定为对抗算法歧视的利器。然而，此处问题在于，"应当…提供不针对个人特征的选项"完全可以反证，电商拥有"同时提供针对消费者个人特征"进行定价的权利。否则，此处措辞就应当是"应当仅提供不针对个人信息的选项"。

珊 瑚　看懂了。还是针对法条措辞来写的。"提供"和"仅提供"的问题。

鱼老师　很好！那么，最后一小段你来？

珊 瑚　好。这个容易。

> 除上述规则之外，《反垄断法》与《价格法》同样可能适用于对价格歧视的规制。但二者均无法应用于消费者权益保护。我国《反垄断法》第 22 条虽禁止了"交易价格…差别待遇"，但仅禁止"具有市场支配地位的经营者"从事此行为，且行为后果必须达到"滥用市场支配地位"的严重程度。显然，本文分析的案例均不具备上述要件。除此之外，我国《价格法》第 14 条第 5 项虽对价格歧视进行了规定，但歧视对象必须是"其他经营者"而非本文所分析的消费者。

鱼老师　好！能够看出，你的确在有意关联着案例进行分析了。而且，对法条的引述也十分简明，紧扣要件进行。那么咱们这部分就基本写完啦。龙虾，你写个过渡段，咱们接下来写比较法部分？

龙　虾　好的。

> 综上，消费者遭受价格歧视的主观不满，尚无法在法律上转化为有效的权利主张。这一现象或有举证困难的因素，但同样存在实体法律设计的原因。前一方面因素能否通过比较法研究得到解决尚有待观察，但对于请求权基础的设计，美欧已提供了较为成熟的解决方案。对此的研究也将有助于对我国立法的进一步完善。

鱼老师　好，那么咱们接下来写比较法部分！

/ 第五幕　比较法部分的写法 /

鱼老师　龙虾，我猜，你又得问我"比较法部分咋写"了，是吗？

龙　虾　嘿嘿，是。您要是让我阐述一遍美国法规定，我当然会。但是，我有个直觉：应该不是这么写的。

鱼老师　对。这部分的写法，关键之处同样不在于"述"，而是在于"评"。换句话讲,就是在写论文的时候要时时刻刻记着,你写美国法的目的不是写美国法,而是用来比照中国。

龙　虾　好的,老师。那么,我先去翻翻原始资料,把"述"的部分写出来,咱们"评"的部分咱们商量着写?

鱼老师　好啊。

龙　虾　那我写啦。我先写个"帽子":

> 对于算法价格歧视问题,美国主要围绕"价格歧视"进行。而对于价格歧视的载体——算法,美国虽有规制的尝试但效果并不明显。

然后,我论述"歧视"问题了:

> 对于"歧视"这一问题,美国的总体规定源自于1964年《民事权利法案》(the Civil Rights Act of 1964)。此法律在各行各业也会随之落实为更加精细的立法,如《公平信用机会法》(Equal Credit Opportunity Act)就是在商业借贷方面的落实。不过,需说明的是,上述1964年《民事权利法案》禁止的并非"一切歧视行为",或者"将一群人与另一群人相区分的行为"。而是,在特定场合对特定人群的歧视,

如法案第 7 章第 703 条题为"非法的雇用行为",其中禁止的是雇主基于个人的种族、肤色、宗教信仰、祖籍对其进行歧视,但显然不禁止雇主基于个人的语言能力、学历或技能进行区分对待。又如,法案第 2 章禁止在任何公共场所基于同样五项因素限制个人享受货物、服务、设备、优惠的权利,但该法案当中的"公共场所"(public accomodation)仅限于宾馆、餐馆或咖啡厅、影院、音乐厅、体育馆等娱乐场所或以上三类场所的附属设施。而具体到各州反歧视立法,其禁止的歧视内容可能会扩展到性取向、年龄、婚姻状况、性别认同,禁止歧视对于公共场所的定义也可能扩展到"任何商业设施"(如加利福尼亚州)。上文提及的《公平信用机会法》就禁止债权人基于种族、肤色、宗教信仰、祖籍、性别、婚姻状况、年龄、是否接受了公共资助项目款项、是否行使了《消费者信用保护法》项下权利而拒绝贷款。在美国法律当中,甚至专门有一个词汇描述"受保护的群体"(protected class)。只有该群体被通过"特征+场域"方式精确划定,法律才会赋予其非歧视保护。

上面这段倒是没啥技术含量,就是很纯粹的对法律本身的概括。

然后我接着写价格歧视的事儿？

鱼老师 好，我看你怎么过渡到价格歧视？先写这句过渡语。

龙　虾 好的。

> 上述反歧视规则中的"歧视"虽未明确论及"价格歧视"但必然包含此种细分。

那么，然后呢？我接下来怎么写？

鱼老师 你去翻翻笔记，咱们接下来要用什么资料论证啥？

龙　虾 好的。之前讨论比较法部分时，我们有两份直接针对价格歧视的资料：一份是 2016 年由美国佛蒙特州发布的《货物与服务定价中的性别因素指南》；另一份是"消费者种族画像"。所以，我这么写？

> 上述反歧视规则中的"歧视"虽未明确论及"价格歧视"但必然包含此种细分。例如，美国佛蒙特州总检察长办公室与人权委员会就于 2016 年联合发布了一份《货物与服务定价中的性别因素指南》，其中强调，"粉色自行车价格更贵""女款衬衫干洗费用一律更高"等现象足已构成性别歧视。这就证明价格歧视同样是歧视的一种。又如，"消费者种族画像"（Consumer Racial Profiling）是美国法明确禁止的。其中也包含针对消费者种族进行的价格歧视。

鱼老师 珊瑚，你怎么看？

珊　瑚 老师，我感觉不大对劲儿。龙虾倒是写到价格歧视了，但是，他写跑偏了！上一段的结尾刚刚写过"特征+场域"。这一段就忘了！两段写脱节啦。

龙　虾 哦。我光顾着写"价格歧视"了。

鱼老师 好吧，珊瑚，你帮着改改？

珊　瑚 好的。

> 上述反歧视规则中的"歧视"虽未明确论及"价格歧视"但必然包含此种细分。

这一句我不动。不过下面我要多加一句：

> 当然，美国法律对于价格歧视的规制，仍然要受到上述"特征+场域"标准的限制。鉴于"消费者"这一身份特征并未被任何反歧视法界定为"受保护的群体"，因此，单纯针对不同消费者的"价格歧视"并不违法。然而，一旦价格歧视是针对了某一受保护的群体进行，则此种价格歧视就完全可以受到规制。

我加这句话进去的原因是，要把上一段当中论及的"特征+场域"规则引入本段的论述。然后，下文再接上龙虾刚才讲到的两个例子，这段就圆满啦。

上述反歧视规则中的"歧视"虽未明确论及"价格歧视"但必然包含此种细分。当然，美国法律对于价格歧视的规制，仍然要受到上述"特征+场域"标准的限制。鉴于"消费者"这一身份特征并未被任何反歧视法界定为"受保护的群体"，因此，单纯针对不同消费者的"价格歧视"并不违法。然而，一旦价格歧视是针对了某一受保护的群体进行，则此种价格歧视就完全可以受到规制。例如，美国佛蒙特州总检察长办公室与人权委员会就于 2016 年联合发布了一份《货物与服务定价中的性别因素指南》，其中强调，"粉色自行车价格更贵""女款衬衫干洗费用一律更高"等专门针对女性的价格歧视现象足以构成性别歧视，消费者因而可以对此进行投诉并要求对企业进行处罚。

龙　虾　懂了！在例子之前加进去对上文提及的规则的回顾，以做到前后呼应；在例子当中强调一下"针对女性"。那么，我甚至还可以接着往下写，把"消费者种族画像"也写成这个模式。

又如，"消费者种族画像"向来是美国法规制内容之一。而法院对此的分析又包括如下三个要件：其一，原告是否属于少数族群？其二，是否存在基于

> 种族的故意歧视？其三，该消费者基于种族遭受的歧视是否是某种法律本应保护的行为（如黑人有权在饭店接受与白人顾客同等的服务）？

咋样？我同时强调了消费者和种族，这就够全面了吧？

鱼老师 够了！然后呢？接下来你怎么写？

龙　虾 我接下来打算写写"美国对算法的规制不是很完善"。不过这部分略写一点儿就行。因为比较法研究的部分重点在于给我国提供解决问题的方案，美国"不完善"这事儿难道我们还要学习么？

鱼老师 好。那么咱就不练习这个了。接下来，咱们写个结论，然后这部分就收工？

海　葵 好，老师，这部分我来写吧，很快的！

> 综上，算法价格歧视问题在美国法项下更多是通过民事权利保护法律加以规制。美国原则上尊重市场定价，但在反歧视问题上，一旦通过"特征+场所"方式对特定人群进行赋权，则市场必须对其负有非歧视定价义务。

行吗？

鱼老师 好啊。

大家注意，海葵刚才这一小段还有一个心机细节："美国原则上尊重市场定价"。海葵,你为什么要强调这个,而不是写成"只要存在美国法上通过'特征+场所'界定的歧视行为……"

海　葵　哈,因为我理解"反歧视"是例外啊。正常情况应该还是市场定价,否则,就不可能对于"针对什么的歧视是违法的"进行明确列举。这是典型的"法无明文禁止即为可行"。如果写成"只要……"那个句子,看上去就是"美国大规模禁止了某种行为"。

鱼老师　很好!从原理上讲,你写的没错。那么,从写作手法上讲,你为什么要刻意强调这个"点"?

海　葵　因为我记得,咱们国家对此也是"尊重市场定价"的。刚才在分析"刘某诉南方日报社案"时,还写了这么一句:不同地区发行不同版数报纸属于市场经济条件下合法的价格歧视。我就是想顺手照应一下,即我国和美国出发点是一样的。

龙　虾　师姐,你这论文咋写得跟侦探小说似的,还埋个线索在文章里。

海　葵　龙虾,你忘没忘,咱们此前曾经在"美欧比较法"研究部分,把美欧共性抽象为什么?提示你一下,第五节课,八个字。

龙　虾　市场主导,权利优先!我没忘!

海　葵　所以？

龙　虾　哦！这是"市场主导"！

鱼老师　对啊。你反应很快么。

海　葵　老师，那我这个结尾段行不？

鱼老师　行。写到这个程度就已经很不错了。你如果愿意，再加一句"美国算法规制虽然不是特别发达，但对基本民事权利保护的规定足以应对算法价格歧视"也成。

海　葵　好的！

/ 第六幕　比较法部分（二）外国法之间的比较 /

鱼老师　美国法写完了，咱们该写欧盟法了。还记不记得，咱们前面曾经说过为啥后写欧盟法？

珊　瑚　记得。因为美国主要规制权利，欧盟连算法一块儿规制了。所以后写欧盟可以写成"在美国法的路径基础上，欧盟还……"

鱼老师　没错。那么，你接着往下写行不？

珊　瑚　好的。

那么我先写个过渡段？

> 与美国相比较，欧盟对算法价格歧视的规制更加偏向基于个人信息保护的法律规制。

老师，这句话行不？

鱼老师　你继续写。现在还看不出来。

珊　瑚　好的。

> 与美国相比较，欧盟对算法价格歧视的规制更加偏向基于个人信息保护的法律规制。在欧盟法当中，《欧盟基本权利宪章》将个人信息与隐私权作为"基本权利"进行保护，且在此基础上先后制定了1995年"数据保护指令"与2016年《通用数据保护条例》。

鱼老师　好。现在写出来重点了。你猜我在等你写啥？

珊　瑚　基本权利。嘿嘿。

鱼老师　为啥？

珊　瑚　"市场主导"后一句是"权利优先"啊。我总得强调一句欧盟法当中有"权利保护"。

鱼老师　好的。那么，接下来你打算怎么写？

珊　瑚　两个方面的内容：一方面是个人信息本身的保护；另一方面是算法规制。咱们此前对欧盟法进行研究的时候都分析过了。

鱼老师　好的。那么你继续把第一段写完？

珊　瑚　我还差一句"启下"。虽然上述法律文本并未明确对"算法价格歧视"进行规定，但上述规则分别从个人信息保护与算法规制两个方面，极大地压缩了算法价格歧视得以存在的空间。

鱼老师　非常好！那么，下文我也能想到你要写啥了。你分别把两个开头句写出来就成。

珊　瑚　好！

> 一方面，欧盟对消费者的个人信息保护规则，客观上压缩了算法价格歧视据以存在的数据来源。另一方面，欧盟对信息自动处理的限制增加了算法定价的透明度，进而促进了公众对此的监督。

鱼老师　很好！这两个开头句结构非常统一，均同时包括了"什么行为"和"什么后果"。那么，龙虾，你能不能大致讲讲，对于"一方面"这句，你打算怎么写成一段？

龙　虾　好的，这个不难。不就是逻辑递进关系么。

我打算写这么几句：

> 1. 价格歧视的存在是由于电商能够得知消费者信息，才能据此进行歧视。

> 2. 欧盟法要求企业只有在消费者同意的情况下才能获取信息，而不能动辄获取一堆与合同履行无关的信息。
>
> 3. 因此，如果商家仅凭此前交易记录就在定价上歧视消费者，这就属于滥用个人信息。

鱼老师 很好，我看到你的逻辑链条了。第一句是紧接着珊瑚的"算法价格歧视据以存在的数据来源"来写的，阐释了算法价格歧视需要数据做支持。然后，第二句就表示欧盟法限制数据来源。第三句是，所以商家滥用数据进行价格歧视就会违法。整体逻辑结构非常完美，能让人看到"一层压一层"的关系。

龙虾，我再多问一句，为啥你迫不及待地选择了"讲讲每一句的大意"而不是"写出完整句子"？

龙　虾 嘿嘿，老师，告诉您一个秘密。我写东西的文字功底不到位。我知道，一个好论证是同时需要逻辑清晰和语言流畅的。但是，我通常只能顾得了一头！如果我主要注意逻辑，语言就很乱，我本科论文指导教师甚至说过我语法都是错的。但如果我注意修饰语言，那么论文逻辑就接不上。很可能是只有我自己能看得懂，简称"前言不搭后语"。所以，如果是平时写作业，我一般会写两稿：第一稿就像刚才那几句，意思对，但文字非常啰嗦。第二稿在此基础上专门修改语言。但是，老师，我速度很快的，不比我宿舍其他同学慢。

鱼老师　龙虾，你别不好意思。这很正常。有时候我也这样做。

龙　虾　真的？

鱼老师　是啊。我有的时候突然来了灵感，把一个问题的逻辑捋清楚了，就一定要迅速地写出来以免忘记。这时候就很可能顾不上修饰语言，只能等到全篇写完后再逐字逐句推敲。

事实上，这种写作方法十分普遍。我第一次听说"只管写，不要修饰语言"还是我自己读书时的事儿，教我这个方法的老师现在已经在北大法学院工作了。

龙　虾　哈，好的！那我高兴多了，原来不是我自己水平不行！

鱼老师　当然不是啊。再告诉你一件事儿，我自己写的论文，往往有些句子是反复推敲措辞的产物。你猜是哪些？

龙　虾　开头，以及每段的概括句？

鱼老师　对。概括句往往需要高度凝练。而开头是因为它地理位置过于优越，写得太差会把读者吓跑啦。

龙　虾　好的，那我不自卑了！

鱼老师　好，那咱们继续讨论下文的写法。海葵，你还记不记得，在写完欧盟个人信息保护和算法规制之后，我们还应该写点儿啥？

海　葵　我看看笔记！除了这两项，我们还应当加一小段，稍微写一下欧盟是否存在类似于美国《民事权利法案》这种规制方式。这段的主要内容应该是，欧盟个人信息保护规则甚至让欧盟无须效法美国《民事权利法案》，因为欧盟原则上禁止基于敏感信息进行数据处理，如宗教、种族等，而无法处理就自然不会导致歧视。

鱼老师　好，这段也不难写，咱们就不练习了。那么，在美欧比较法都写完后，咱们再写个"小结"段？

海　葵　好的，我来！

> 综上所述，虽然美欧对算法价格歧视的规制路径不同，但均起到了有效的规制效果。欧盟个人信息保护相对发达，因而更加倾向于通过对个人信息的获取和使用，以及对算法透明的要求进行规制。美国个人信息保护法律相对不发达，因而对算法价格歧视的规制更加依赖传统民事权利保护。

这是概括句。接下来我要写"提炼主题"句了？

> 美欧路径不同但核心均在于"赋权"。美欧在原则上承认市场自由与定价自由的同时，要求企业对侵犯消费者特定权利的行为负责。此种"市场主导，权利优先"的算法价格歧视规制理念，也将为我国规则建构提供借鉴。

鱼老师　很好,我觉得不需要修改了。那么,咱们比较法研究部分到此结束。

/第七幕　结论/

鱼老师　咱们进入论文写作的最后一部分:结论部分。这部分的导入段谁来写?

龙　虾　我!我认为这段的写法是先强调一下应当尊重市场竞争,然后主要写如何为消费者界定权利。这就照顾到了上文当中的"赋权"一词。

鱼老师　好,那么,你继续把这层含义转化为语言优美的导入段?

龙　虾　好的。

> 上文对于美欧相关实践的回顾与其理念共性的综述,将有助于解决上文论及的、我国消费者维权障碍的问题。那么,究竟如何在尊重市场力量的同时,通过对消费者的"赋权"保护其权益?

鱼老师　非常好!珊瑚,你还记得咱们下面要写哪几个分论点吗?

珊　瑚　记得。我觉得应该先强调一下,我国的"赋权"是以尊重市场主导为基础的。然后，下面的分论点包括：

> 1. 我国更应该效仿欧盟，因为我国个人信息保护法和欧盟模式很接近，因此效法欧盟不存在制度障碍。此外，我国也不具有美国《民事权利法案》的法律，效法美国可能会"绕路"，即舍近求远。
>
> 2. 我国应该赋予消费者的权利包括个人信息使用限制，即商家非必要不收集，非必要不使用。
>
> 3. 强化消费者免受算法自动决策的权利。或者，至少消费者有权要求商家披露算法运作逻辑以避免其在"不知不觉"中被价格歧视。这一点主要的功能是方便消费者举证价格歧视的确存在。毕竟前文对案例的分析已经表明，在算法歧视语境下，消费者难以完成举证责任。
>
> 4. 最后一个论点是，我国同样有必要完善反歧视法律，即不能基于某某因素进行歧视，任何种类的歧视都不可以。

鱼老师　很好，能不能讲一下为什么是这个思路？

珊　瑚　好的。其实，我在这里"列思路"也是想试验一下龙虾刚才说的写作方法，即"写两遍法"。结果我发现这样的确很方便，大脑单线程运行"逻辑"思维而非"语言"思维的确省事多了！然后，先强调必须尊重市场力量，是由于咱们概括的原则是"市场主导"然后才是"权利优先"。按照逻辑思维顺序也应当是这样的。接下来论述应当主要效仿欧盟，才能为分论点"2"和"3"提供依据。最后论点"4"，则是由于"主要效仿欧盟"肯定是"欧盟在前"，次要效仿美国，所以美国内容要放在最后。

鱼老师 好的，那么咱们整体写作方法就推演到这里。咱们今天的课程到此为止，大家如果有兴趣可以课下自己练习结论写作。咱们下周见！

第八周

1. 正文写作基本是"总分总"结构。

2. 论证句与句之间是"小碎步快走"。

3. 阐述案例需分类。

4. "夹叙夹议"比"先叙后议"省事儿。

5. "比较法研究"要"比较着写"。

珊 瑚 同 学 的 课 堂 笔 记

第九周
标题、摘要写作

/ 第一幕　摘要写作 /

鱼老师　同学们，咱们目前要进入写作的最后一步啦：写摘要、修饰标题。

那么，咱们先来讲实体问题：摘要写作。关键词写作相信大家都会，挑选几个论文论述最为核心的概念就行了。但写作摘要咱们得讨论一下方法。原因是我自己带本科生论文时，经常遇到下面这种写法，让我很伤心。

> 论文题目：我国死刑复核制度研究
>
> 摘要：死刑是我国刑法当中规定的刑罚的一种。但在实践当中，对于死刑复核问题存在一系列争议。本文对这些争议进行了分析，并提出了自己的解决方法。

龙　虾，你来谈谈，此种写作方法有什么问题？

龙　虾　老师，先让我笑会儿。这个摘要没告诉我任何新的、有价值的信息啊。我看完了之后，根本不知道作者认为死刑复核问题有什么争议，也不知道作者分析了啥，更不知道作者有什么建议！

珊　瑚　是啊！假设现在有两篇论文都是这个题目，其中一篇是论述"死刑复核应当交由各省高级人民法院进行初审，最高法院进行复审"，另一篇论述"死刑复核程序应当着重审查事实问题而非法律问题"，两篇论文可以说是完全不一样的，但都可以用这个摘要完美概括！这个摘要还真是"万金油"！

鱼老师　所以，摘要的写法应该是？

海　葵　写出论文的具体观点而非"论述结构"。对不？

鱼老师　对！那么，哪位同学来试试，咱们这篇论文的摘要怎么写？

龙　虾　我来。

> 对于针对消费者的算法价格歧视，我国立法存在空白。此现象引发消费者不满但本身并不违法。对美欧当前规制路径的研究表明，美国对算法与个人信息保护更依赖行业自律而非法律规制，但美国通过民事权利保护立法的延伸适用有效地避免了针

> 对特定消费者群体的价格歧视。欧盟强调个人信息是公民基本权利，因而通过对信息在算法当中的使用以及对自动化决策的限制实现了对算法价格歧视的控制。美欧路径虽有差异，但共性在于均秉持了"权利——市场"理念：原则上承认市场竞争自由与企业定价自由，仅在定价行为触犯某些权利或法益时才会加以规制。我国应当借鉴上述理念，在效仿欧盟，以个人信息保护和算法责任建构限制算法价格歧视的同时，坚持"市场主导，权利优先"的司法理念。

老师，您看咋样？

鱼老师 路子是对的，不过语言咱们能再修饰一下不？首先，咱们来看第一句。珊瑚，你来谈谈，你觉得这句话可以怎么修改？

珊　瑚 老师，我觉得，第一句写的有点生硬。咱们能不能直接按照论文写作的顺序去写？

> 针对消费者的算法价格歧视在我国处于"犯众怒但无制裁"的状态。此种状况一方面源于消费者举证困难，另一方面源于我国法律尚未提供有效的请求权基础。

这样不仅覆盖到了龙虾刚才说的全部要点，而且增加

第九周 标题、摘要写作 253

了"举证困难"这个要素。

龙　虾　嗯，的确比我写得好，我这语言的确粗糙了点。

鱼老师　第二句，"美欧"这句？你的主要内容都对，但是，我提醒你一下哈，海葵同学从前给"美欧比较法"研究部分做了个小结：美欧路径不同但核心均在于"赋权"。美欧在原则上承认市场自由与定价自由的同时，要求企业对侵犯消费者特定权利的行为负责。此种"市场主导，权利优先"的算法价格歧视规制理念，也将为我国规则建构提供借鉴。

记得不？

龙　虾　记得！啊，我懂了！我换个写法！

> 美欧均采用"赋权"的方式处理算法价格歧视，美国通过民事权利保护立法的延伸适用有效地避免了针对特定消费者群体的价格歧视。欧盟强调个人信息是公民基本权利，因而通过对信息在算法当中的使用以及对自动化决策的限制实现了对算法价格歧视的控制。

咋样？

鱼老师　你反应够快嘛。加上这一句"赋权"的帽子，删掉"美国个人信息保护法不完善"，看上去凝练多了。

龙　虾　嗯，我主要是觉得，摘要字数有限，我加一句就得删一句？

鱼老师 倒不用这么死板，但你的确说对了一句话：摘要一般不超过400字，当然也有杂志要求别超过300字。所以，不用面面俱到，交代清楚最核心内容就行。

龙 虾 老师，我下面这句留着行不？

> 美欧路径虽有差异，但共性在于均秉持了"权利——市场"理念：原则上承认市场竞争自由与企业定价自由，仅在定价行为触犯某些权利或法益时才会加以规制。

鱼老师 可以啊，这也是核心论点。

那么，最后一句，你改不改？

龙 虾 改！还是"赋权"那句的老问题，我把"理念"放后面了。我调换个位置？

> 我国应当借鉴上述理念，在坚持"市场主导，权利优先"理念的同时效仿欧盟，以个人信息保护和算法责任进行规制。

鱼老师 很好！那么咱们摘要就写完了。

珊瑚，你要不要顺手写几个关键词？

珊 瑚 好啊。算法价格歧视肯定算一个。对吧？

鱼老师　必然的。继续？

珊　瑚　个人信息保护；算法责任。这些都得有。

鱼老师　通常来讲，关键词是 3-5 个，极少数有 6 个。3 个少了点但也不是不行。

龙　虾　老师，我再加一个民事权利，行吗？呼应一下"权利优先"。

鱼老师　可以啊。那咱们就四个关键词？

珊　瑚　好！

╱第二幕　标题╱

鱼老师　来，同学们，咱们进行写论文的最后一步：起个标题。大家猜猜，标题为什么最后起？甚至在写完摘要后面再起？

海　葵　我知道，因为我一般也是这样。我觉得论文标题承担着吸引读者目光的重任，所以必须特别慎重。因此，我往往会等到啥都写完了再最终确定，甚至拟出 N 个标题请同学们帮我挑一个。

鱼老师　哈，其实我也是啊。标题长度有限，通常都要求不超过 20 个字，而且，还得是对全文精华的高度概括。所以，我的标题通常也要字斟句酌。

龙　虾　老师，"20个字"是铁律吗？

鱼老师　当然不是。尤其是"正副标题"这种形式，有的标题根本没办法缩短。我举个例子：论刑事侦查与网络主权的关系——《网络犯罪公约》第二附加议定书评述

这个标题30个字。但它"长"的主要原因，是副标题根本没法缩短。这个"议定书"名字就这么长！

龙　虾　老师，那您顺便给我们讲讲正、副标题，行不？为什么要有正副标题啊？是因为"一句话说不完所以要说两句"吗？

鱼老师　算是。比如刚才那个标题，如果不用正副标题的形式，就得写成"论《网络犯罪公约》第二附加议定书中的刑事侦查与网络主权的关系"。你觉不觉得还没刚才那个正、副标题好懂？

龙　虾　是啊，我作为读者还得给它断个句。

鱼老师　是，所以，一篇论文是否使用正、副标题，判断标准就是，"是否真的一句话说不清楚？"

珊　瑚　老师，您的意思是，如果一句话能说清楚就不用正、副标题的形式，对吗？

鱼老师　对！顺便说一句，如果你是去申国家社科基金，那么，一定不要写正、副标题！有兴趣的话，你们可以

去看看历年国家社科基金名单，就会发现，中标项目几乎没有正、副标题形式。别问我为啥，我也不知道啊。

海　葵　好的，记住了。老师，那么正、副标题就是能拆成两段表述的内容对吗？如果这么说，"谁是正标题、谁是副标题"有什么讲究吗？

鱼老师　有讲究。你等一下，我弄几个标题来给你寻找规律。

> 国家治理与全球治理的共融互动——中国国际法实践 70 年回顾与展望
>
> 大国政治中的司法困境——国际法院"科索沃独立咨询意见"的思考与启示
>
> 从强权入侵到多元善治——武力干涉领域国际法的现存框架与演进方向

海葵，发现规律没？

海　葵　发现了！正标题是"理念"，副标题是"研究对象"。比如，第一个题目当中，"国家治理与全球治理的共融互动"是作者理解的"中国国际法实践 70 年回顾与展望"所体现的总体规律。第二个题目当中，"科索沃独立咨询意见"是研究内容。"大国政治中的司法困境"是作者"思考"的结果。老师，我说的对吧？

鱼老师　正确！一般来讲，正标题宏观一点、抽象一点。副标题是对正标题的限缩，即我是通过对某某问题的研究得出正标题当中这个宏观理念的。举例来讲，"大国政治中的司法困境"，这个短语，大家觉得还可以用来形容什么？

龙　虾　我知道！WTO上诉机构改革！美国的不配合导致上诉机构瘫痪，这也是大国政治导致的司法困境。

鱼老师　很好。所以，大家现在体会到副标题的功能了吧？

龙　虾　懂啦。那么，咱们这篇论文，要不要也起个正、副标题？

鱼老师　行。你试试？

龙　虾　赋权——算法价格歧视的法律规制研究。行不？

鱼老师　我知道你为什么这么想，但，题目本身不是很通顺。珊瑚，你觉得，如果你从未研究过这个题目，你觉得能看懂这个题目吗？

珊　瑚　我觉得，我应该看不懂。因为"赋权"这个词太过于抽象了。不明真相的吃瓜群众很可能要看完全篇才能理解，你是要怎么"赋权"。刚看到这个词，很可能会联想到"天赋人权"，甚至会联想到"加权"。龙虾，你看看前面那三个正、副标题的例子，你能看明白作者究竟想说什么吗？

龙　虾　能！哪怕我没看过论文，我也能明白作者的核心观点。

比如,"从强权入侵到多元善治——武力干涉领域国际法的现存框架与演进方向"这个题目,我猜测作者的意思是,武力干涉领域国际法最初是变相支持强权入侵的,或者至少是不硬性干涉强权入侵的,但目前发展的现状是多元善治。

鱼老师 对!题目本身应该就构成逻辑自洽的闭环,不至于让读者看到题目感觉一头雾水。龙虾,你要不要再试试?

龙　虾 好的。副标题不变,正标题我换个说法:当权利面对市场。咋样?

海　葵 我觉得非常好!这个题目很好懂。读者在阅读论文之前应该能猜到,是消费者的某种权利面对自由定价的市场,二者如何博弈。读者读完论文后也会理解咱们的中心论点——市场主导,权利优先。

鱼老师 好,那咱们就这么愉快地决定了?

海　葵 老师,我多问一句,行不?为啥您支持龙虾起正、副标题?

鱼老师 你觉得呢?

海　葵 我觉得,如果从龙虾同学拟的这个题目来看,正、副标题是无可厚非的,毕竟我根本不可能把这个标题合并成一句。而至于为什么不能直接拿掉正标题,只保留副标题,是因为副标题不那么吸引人?

鱼老师 非常好!其实就是这么个原因啊。"算法价格歧视的法律规制"这个标题没啥特色,而且,在中国知网数据库当中不说"一抓一把"也差不多。你要不要搜一搜?

海　葵 哈,我看到了!不仅期刊论文有这个题目的,而且,还有若干硕士论文。那么,我懂啦。对于"扔到数据库里就找不出来"的题目,我得让它新颖一些,有辨识度。

鱼老师 好!那么,咱们继续把论文余下几级标题也拟定一下?或者说,把措辞修饰一下?

龙　虾 好啊。第一部分开头就叫"引言"?

鱼老师 行。如果在"引言"后面再加点内容呢?

龙　虾 引言:算法价格歧视为何需要规制?

鱼老师 好,这个标题点出"有一个问题需要研究"就行。珊瑚,你来拟第二部分标题?

珊　瑚 我国规制现状分析。行不?

鱼老师 行。再写几个?

珊　瑚 我国对算法价格歧视的法律规制现状?要么,我把"法律"二字去掉,简练一点?

鱼老师 其实也还好,是否去掉都成。因为你这个题目足够短。如果题目特别长,比如一行写不完需要换行,那么就简练一点。

珊　瑚　好的!

鱼老师　海葵,你继续?第三部分?

海　葵　好的。第三部分,大标题:算法价格歧视的美欧规制现状,或者,算法价格歧视的美欧比较法研究。我觉得都成?

鱼老师　的确,都可以。那么小标题呢?

海　葵　(一)美国:民事权利保护对市场竞争的限制
(二)欧盟:个人信息权利在数据与算法治理当中的重要作用
(三)小结

鱼老师　珊瑚,你怎么看?

珊　瑚　老师,我觉得前两个标题似乎可以改一下?标题(一),咱们不强调"对市场竞争的限制"可以吗?因为咱们刚才写作过程中也并没有强调限制竞争。

鱼老师　好,那么你想怎么改?

珊　瑚　"(一)美国:基于民事权利保护的价格歧视规制",这样就不会在题目当中体现正文中未论及的东西了。

鱼老师　可以。那么第二个标题呢?

珊　瑚　老师,这个我没啥想法,就是觉得句子不很通顺。

海　葵　老师，我可以再写一遍！跟珊瑚拟的题目对仗就可以啦。"（二）欧盟：基于个人信息保护的算法价格歧视规制"，行不？

珊　瑚　师姐可以的！这个清楚多了。不过，师姐你刚才说要对仗，那么，为什么最后一个词是"算法价格歧视规制"而非"价格歧视"？

海　葵　因为和美国不同，欧盟真的对算法规制啦。所以我要把"算法"二字加进去。

鱼老师　哈，很好！"对仗"是一个非常重要的拟题目方法，即同一级题目如果能够结构类似最好。我举个例子，如果一篇论文的题目是这样的：

> 一、引言
> 二、数字时代的跨境取证困境
> 三、跨境取证规则应适应网络安全规则现状

大家先别管这个题目逻辑关系是否通顺，因为是我随手拟定的。只观察题目本身结构工整吗？

龙　虾　不工整。第二部分是偏正结构短语，第三部分是一个句子。我觉得应该把第三部分题目修改为"跨境取证规则与网络安全规则的协调"，这样就协调多了。

鱼老师　很好！来，你把最后一部分标题拟一下？

龙　虾	四、"权利-市场"理念下的我国算法价格歧视规则构建研究

龙　虾　老师，我有一个问题：我第四部分可以不再拟小标题了吗？

鱼老师　为什么？

龙　虾　老师，我上周把第四部分"结论"写了一下，结果发现，这部分下面有五个分论点。每个分论点写起来都很短，平均300字。我觉得用段首句概括本段大意就可以啦。用小标题有些过于郑重了？

鱼老师　可以。通常来讲，小标题是为了断开意思层级，便利读者理解。比如，某一部分共有15段，需要分为三部分。但如果"每部分就一段"，那么，在段首句足够清晰的前提下，就完全可以不再分小标题。

龙　虾　好，那就这样？

鱼老师　好的！那么，咱们拟定标题环节正式结束。最后补充一句，大家一定不要误会成，"各级小标题也得全文写完之后再拟"。完全可以是"边写边拟定标题，定稿后再最终确定标题措辞"。只不过，初稿撰写阶段，这个标题措辞就完全不需要斟酌。可以在论文全部写完后最后修饰。

龙虾 & 珊瑚 & 海葵　懂了！谢谢老师！

第九周

1. 摘要写作：要写出"观点"而非"论述结构"。

2. 标题：正标题是"理念"，副标题是"研究对象"。

3. 标题本身应该逻辑自洽、体现文章特色。

4. 小标题尽量格式对仗。

附录一
鱼老师论文排版小课堂（windows 版）

/ 第一幕　关于脚注的一些技巧 /

鱼老师　同学们好，我今天客串一下计算机老师，来跟大家讲点儿论文排版小技巧。我先问一句，你们当中有谁已经过了计算机二级？

龙　虾　我！

鱼老师　哪一门？

龙　虾　C 语言。

鱼老师　好吧，其实我觉得二级当中最实用的应该是 office，毕竟大家写论文排版总是用得着其中的某些技巧。而且，据我观察，相当一部分同学论文排版是有困难的。当然，通常意义上的"三号字、加粗"应该没有人不会弄。但再复杂一些的呢？接下来我给大家出一套题，你们看看如何实现下面的操作。

> 1.   论罪刑法定原则
>
>   张三*
>
> 2. 对此，格劳秀斯曾经指出，[21]
>
> 3. 也有学者曾经提及，算法价格歧视有违平等原则。㉓

海　葵　老师，您这是把我深恶痛绝的几种注释体例都弄来集合了！

鱼老师　听你这么说，这几种注释体例你都见过？

海　葵　见过，而且亲手排过版！

鱼老师　好，那么你来给大家传授一下排版方法？

海　葵　好的。不过事先说明，我没用过苹果系统，只用过windows。所以我讲的技巧可能没有普适性。

珊　瑚　师姐，没事儿，我们几个都穷，买不起苹果。

海　葵　那我讲啦？咱们导儿出的这三道题有一个共性，全都是与脚注直接相关的。第一个例子，你们能认出来这是啥么？

珊　瑚　我认识。很多杂志都有这个啊。作者姓名后加星号，意味着下面也有一个加了星号的脚注。这个脚注通常放作者信息，比如职称、学历、工作单位等。

海　葵　正确！那么咋加？

珊　瑚　嗯，在姓名后面敲个星号进去，然后选中，设为"上标"？在我的电脑上，星号是和数字"8"在同一个键位。

鱼老师　然后呢？你打算怎么把脚注加进去？

珊　瑚　不知道？

海　葵　其实珊瑚说对了一点，那个星号的确是个脚注。所以，插入的也应当是脚注。只不过，这个插入脚注的流程与正常的不同。先点选"插入脚注"，然后你就会看到插入的是一个"1"。选中这个"1"，再点选"脚注和尾注"，你将会看到这个！

看到"格式"下面"自定义标记"中的"符号"了吗?点开这个,你就能找到那个星号啦。插进去之后,所生成的脚注除了标记是星号而非数字,其余功能与普通的脚注完全一样。

珊　瑚　好的,我记住了,谢谢师姐!那么后续的两道题呢?

海　葵　第二道题,我其实有点儿不理解。老师,这难道不是手动在脚注两侧添加方括号就完了吗?如果问我方括号哪来的,那么就是切换成英文输入法之后敲出来的。中文输入法状态下敲出来的应该是"【】"。

鱼老师　我猜,海葵你不用 wps,对吧?

海　葵　是啊,我用 word。

鱼老师　那就对了。Wps 当中,"脚注和尾注"工具栏当中自带一个选项:方括号!勾选之后,你所有的注释都自带方括号啦。

海　葵　那么,如果我又不想使用方括号了呢?

鱼老师　取消勾选就行。这个过程是可逆的。

海　葵　好的!

鱼老师　我能不能说,wps 这个功能,是我一直没卸载这个软件的两个原因之一?毕竟,我的电脑当中有原厂自带的正版 windows 系统,office 也是正版的。

龙　虾　老师,第二个原因是啥?

鱼老师　wps 看 pdf 文件超棒！还可以更换若干文件底色，护眼！你用 wps 打开一个 pdf 文件，然后在文献正下方会看见一个眼睛的标识，点一下就行了，可以选择文件底色的。

龙　虾　真的吗？好，我去试试。

鱼老师　我顺便问一句，大家知不知道，其实不论是 word 还是 wps，你都可以选择更改输入界面的底色？比如我现在的屏幕底色就是豆沙绿而非默认的白色。白色看久了眼花！

珊　瑚　老师，让我看看您屏幕！这个颜色真的挺棒。您咋做到的？

鱼老师　wps 当中选"护眼模式"即可，图标就是一只眼睛。Word 貌似没这个模式，但你完全可以在"设计"工具栏下选择"页面颜色"，点进去，然后调一个你喜欢的颜色。如果你愿意，你甚至可以调一个大红底色！

珊　瑚　老师，算了，我还是使用您屏幕的同款豆沙绿吧。

鱼老师　言归正传，上面第三题有谁会做？

珊　瑚　老师，这道题当中圆圈里是"23"？

鱼老师　对啊。有什么不对吗？我读过一篇宏文，最后一个脚注是"140"。

珊　瑚　可是，虽然 word 当中能够插入带圈脚注，但最多只能插入 10。带圈尾注倒是多一点儿，但最多只能插入 20。这个 23 怎么实现？

鱼老师 其实也能，只不过烦琐一点儿。

龙　虾 老师，是说要使用"带圈字符"功能吗？点击"开始"工具栏下面的这个图标：㉒，然后再敲进去数字，就可以得到带圈脚注啦。当然，我觉得还得选中这个带圈脚注再点击"上标"。不过，这么操作可能有个问题：我插进去的不是真正的脚注啊。页面下方的脚注文本怎么敲进去？总不至于我手动绘制一条"脚注分割线"然后敲进去脚注文本吧？

鱼老师 当然不成。我说的"烦琐一点儿"，指的其实就是这事儿。我们首先需要插入一个真正的脚注。然后，把系统默认的脚注编号加以隐藏。最后，插入按照你说的步骤生成的带圈字符。具体来讲：

此处的"23"，是正常插入的脚注。但我们需要隐藏它。具体方法是：

第一步：选中"23"，右键当中选择"字体"，再在跳出来的菜单当中勾选"隐藏"。你就会发现，这个"23"不见啦！但是别急，"23"其实还在，只是被隐藏了。所以，你页下的脚注文本还在的。那个不会被隐藏。

第二步：在这个"23"所在的地方插入㉓。

但是，这还没完！第三步：脚注分为两部分，正文当中的"上标"和页下的"脚注文本"。咱们刚才仅仅隐藏了正文当中的上标。脚注文本还得再同样方法操作一遍。烦琐吧？这也是我插入过的最烦琐的脚注。

╱ 第二幕　便利论文排版的一些技巧 ╱

海　葵　老师，我想请教一下，您这么多年论文排版，有没有积攒下啥事半功倍的小技巧？

鱼老师　有啊。你感兴趣？

海　葵　当然！

鱼老师　第一个技巧，格式刷。这个用过的举手？

海　葵　我！

龙　虾　老师，格式刷长啥样？

鱼老师　长得像个小刷子的那个就是啊。具体使用方法是，先选中一段文字，然后敲一下小刷子，这时候你的鼠标就会变成"小刷子跟随鼠标"的状态啦。如果你这时再次选中某段文字，则后一段文字会自动复制前一段文字的格式。海葵，我多问你一句，假如你想把某一段的格式复制到后续 N 段，你应该怎么办？

海　葵　把后续 N 段一起选中然后再拿格式刷去刷一下？

鱼老师　倒也不是不行，但不用那么麻烦。只需要把上面"单击小刷子"改成"双击小刷子"就行啦。双击过后，"小刷子跟随鼠标"的状态就会一直存在，你可以一直拿小刷子刷刷刷。如果刷完了，再回头单击一下格式刷，它就会自动终止此种状态了。顺便说一句，"格式刷"是 word 和 wps 里面唯一可以单击也可以双击的图标。其他图标倒不是不能双击，只不过双击了也没啥用。

海　葵　好的，学会了！

鱼老师　还有一个实用小技能：不同种类的"粘贴"。复制粘贴大家都会，但是，你们有没有遇到这种情况？复制了某网页上的文章，结果粘贴到 word 里，格式千奇百怪？或者，想把论文当中的一段话粘贴到另一个文档当中，结果，粘贴过去格式没了！

珊　瑚　我都遇到过，还不知道咋回事！尤其是这两种情况居然发生在我同一台电脑上。

鱼老师　问题其实出在"粘贴"的具体种类上。大家用的文字处理软件可能不同，但至少都会有如下选项："保留源格式"和"只保留文本"。有的软件是直接跳出来这两个选项，也有的软件是只包括"粘贴"和"选择性粘贴"，点选"选择性粘贴"后，会跳出来"带格式文本"和"无格式文本"。其实说的都是一回事！如果你想保留原段落的格式，就选择粘贴成"保留源格式"或"带格式文本"。如果你只想粘贴干干净净的文字，那么，就选择粘贴成"只保留文本"或"无格式文本"。这样就省得出现"薛定谔的粘贴效果"啦。

珊　瑚　懂啦！老师，其实我从前想要保存网络文章但又只想保留成干干净净的文本的时候，我就不会粘贴到 word 里或 wps 里。我会新建一个文本文档(txt)，然后，把复制的格式特别乱的东西粘贴进去！反正文本文档是不可能带格式的，这么一粘贴就自然把文档给"洗干净"啦。

鱼老师　哈，也行啊。反正原理殊途同归。

接下来咱们再讨论点儿排版注意事项，也是我在带毕业论文时发现很多同学都会忽略的问题。你们看下面这两行字，有什么区别？

　　布赞(Buzan)曾论及……

　　布赞(Buzan)曾论及……

龙　虾　嗯，下面这一行的英文字体有点儿细？

鱼老师　那我再举个例子？

1,000,000

1,000,000

龙　虾　还是下面这一行更细？

鱼老师 你认出来下面这行是啥没？

龙　虾 没？

鱼老师 这俩都是中文字体"宋体"对应的英文和数字字体。如果一个段落当中存在中英文与数字混排，且你用格式刷统一把字体刷成了"宋体"，则段落当中很可能就会出现这种字体。不过，问题在于，通常来讲，一段话当中的英文和数字，默认的字体可不是宋体。你们猜默认的字体是啥？

海　葵 Times New Roman？

鱼老师 对！那么我多问一句，是否有办法把这种乱七八糟的字体调整下，让一段当中的中文自动是宋体、英文和数字自动是"新罗马"字体？

海　葵 不知道哎。

鱼老师 其实有一个很简单的方法：在"开始"菜单当中找到"样式"，然后右键单击"正文"，在跳出来的菜单当中点击"修改样式"。于是，你就会看到这样一个窗口：

看到"中文"这两个字了吗？这就意味着，你可以随意修改这个下拉菜单之前的字体、字号等，修改结果会自动应用于此文档当中全部已设置为"正文"的字体。同理，把写着"中文"这两个字的菜单下拉，你会看到"西文"二字。选中"西文",你就可以调整正文当中"西文"的字体、字号啦,一劳永逸!绝对不需要在正文当中一个一个改字体了。这个工具对于毕业论文这样的大文档超级有效。

海葵 老师,那么,我可不可以在写毕业论文前,先把论文正文的中西文字体、字号调成学校想要的样子,再在这个文档当中撰写论文呢?这样调整后,随后的所有"正文"部分都会自动遵循我的设定了,对吧?

鱼老师 理论上是对的!但是,说句题外话,我实在不建议你在一个文档当中撰写博士论文。比较建议的方法,是每一章开一个单独的文档。原因很简单:文档越大,打开越慢。一篇博士论文全都写完,从引言到致谢 200 多页并不少见。这样的大文档,不仅考验电脑，也考验你的耐心。而且，告诉你一个悲伤的事实：文档越大，保存起来就越慢。一页的文档保存起来只要一眨眼，但 200 页的文档，有的破电脑能够给你保存半分钟，急死你！

海　葵　好的，懂啦。

鱼老师　最后补充一个小技能，自动编号功能都用过没？

珊　瑚　用过啊。毕业论文后面需要附加参考文献，我发现有的研究生师姐的文献足有上百篇。如果不使用自动编号，手动敲进去数字的话，会累死的！

鱼老师　不错！自动编号功能，我也主要用于参考文献编序号。那么，有没有同学使用过参考文献自动排序功能？也就是说，多数论文格式要求都是参考文献按照作者姓氏拼音字母顺序排列。你们咋排的？

龙　虾　手动？

鱼老师　博士论文几百篇文献，手动排序足以让你怀疑人生。"开始"菜单——"段落"——然后你就会找到一个"排序"按钮。这个按钮长这样：左边是 A 和 Z 两个字母，右边是一个向下的箭头。选中你要排序的文字，然后按下这个按钮，你就会发现，它支持按照段落首字的拼音和笔画排序，还可以选择升序和降序。方便极了！

海　葵　我记下啦。我写大论文时一定得记得使用这个功能。

鱼老师　不过，需要说明一下，这个功能……有点儿不接地气。它并不能识别中文当中的多音字。我举个例子，单文华教授，你们都听说过对吧？

珊　瑚　当然啊。

鱼老师　你猜，word 认为他老人家姓啥？

珊　瑚　哈哈哈，懂了！排序时会把这个姓氏按照"dān"进行排序。

鱼老师　的确如此。你们应该能够想象到，我自动排序了一个大稿子的参考文献后，回头扫一眼，突然发现没看到单老师的论文！难道这自动排序功能还负责删论文？赶紧搜索一下，结果发现，这篇文献被 word 放在了很靠前的位置，某位姓曹的老师和另一位姓董的老师的论文之间。所以，大家使用自动排序功能，请务必人工检查一遍，以免排序后的参考文献贻笑大方。

珊　瑚　好哒！这真是个问题。我能想到的、在姓氏当中发音会变的汉字，就有"尉迟"的"尉"、"乐毅"的"乐"、朝鲜族常用的姓氏"朴"，以及"曾子"的"曾"。我未来一定注意！

附录二
鱼老师资料管理小课堂

鱼老师 同学们,我最后跟你们唠叨点儿小事——如何进行资料管理。写论文都得用资料,这毫无疑问。不过,这资料究竟应当如何保存和归纳也是个学问。当然,不仅是资料,哪怕是大家的衣服,如何收纳也是个学问,对吧?

珊　瑚 是啊是啊!我就总觉得宿舍柜子不够用,衣服太多!

龙　虾 我觉得你不需要买那么多衣服,一季有个三四件够穿就行呗?这样就没有收纳的问题了。

鱼老师 衣服可以一季只有三四件,但写论文需要的资料可不成。海葵,你有没有"写论文收集了100篇资料、最后参考文献只有10篇"的经历?

海　葵 当然有啊,这才是正常的!如果我的论文"看了10篇资料,且这10篇资料全都能用上",我就一定会怀疑,是不是还有啥资料是我该看但没看的?就好比,如果我做了一桌子菜,然后一家三口正好吃完啥都没剩，我都会问问我爸妈"吃饱了没？"

鱼老师 说得对，写论文收集资料的过程，就是会发生"收集了资料但用不上"这个现象。毕竟，咱们从前也说过，有的时候读资料是为了做"排除法"，即确认我提出的观点此前无人论证过；或者，别人对此问题的解决方案，无法完整回答我提出的疑问。对吧？这部分资料是必然无法"用上"的。或者说，即便用得上，也只不过是用在"研究现状"部分，用来证明"我的研究是必要的"。所以，话说回来，咱们在动笔前的收集资料部分，应当如何整理、归纳、保存资料？

我和大家介绍的第一个原则是，"只增不删"。即资料不是珊瑚同学的衣服，不存在"样式过时了就可以扔掉"的问题。电脑也不是珊瑚同学的衣柜，即便是三四千块钱的低配笔记本也不可能装不下咱们纯文科生需要的资料。所以，"只增不删"在技术上是毫无难点的。具体来讲，从你开始写某篇论文那天起，就在电脑当中建立一个文件夹，题目就是论文的名字。从此之后，任何关于论文的资料全都扔进那个文件夹里。这样做的好处，是未来不用费力思考"我资料呢？我初稿呢？"尤其需要说明的是，千万别随手往桌面扔资料！"桌面铺一层资料"绝对不代表你勤快，只能证明你没规划。

第二个原则是，放进文件夹的资料怎么办？反正文件夹下面还可以继续设文件夹，建议把资料分类归置。比如说，我通常会设一个"暂存"文件夹。里面放"暂时用不上但也不想删掉"的东西。其余资料，如果是写1万字小论文，不分类存放也没啥。但如果是硕博论文，很可能要另设几个文件夹，以免乱套，比如写第二章的资料与写第四章的资料分开保管。

第三个原则是，重命名！重命名！知网下载下来的还好，但如果是文件本身名称极其诡异，建议你给它改个容易区分的名字。比如，我有个朋友是这么教我的：文件名改成"2002——张三——显失公平原则"。至于为啥发表年份放在最前面？她是这么跟我说的：只要把文件按照名称排序，你就自动拥有了一份"此问题的科研发展史"！

海 葵 好的，老师，我记下啦。未来我写博士论文时试试看。

鱼老师 最后，再跟大家交代一个稿子的保存小技巧：建议稿件也按照以上原则保存。

其一，稿件也需要"只增不删"。别随随便便把一个稿子给删掉。当然，"回收站"倒是可以找回文件，但实在没这个必要。更好的方法是，在副本上修改。我举个例子，8月1日，我建立了一个名为"初稿"的文档，开始敲字儿。8月10日，我打算修改一下前几天写完的5000字。那么，此时，请不要在"初稿"上修改，而是先复制一份并命名为"初稿0810"，再修改这个稿件。原因很简单：万一你改完了却惊喜的发现还没有之前那份好呢？

其二，备份！资料不备份，损失还算有限。咱们纯文科不做实验，自然不可能出现某些理科学生哀嚎的"电脑丢了，3个月的数据没了"这样的悲剧。如果写出来的论文丢了，则损失就无法估量了。所以，建议至少把写出来的稿子备个份。至于具体方法，wps应当是自带云存储功能，写完之后点击上传就行了。如果习惯用word且没有开任何云盘，那么也可以使用最传统的方式——草稿存邮箱里。如果这也不成，还有最后一招：买个U盘，每个月备份一下写论文专用的那个文件夹。U盘大小倒是无所谓，毕竟现在你想买16G以下的U盘都不容易。而通常来讲，只装论文相关资料的文件夹几乎不可能超过两个G，除非你的文件夹里面同时放了大量图片、扫描资料，甚至于视听资料。我当年正是听了大师兄说"要备份"的话，所以特地买了个移动硬盘。结果，那个硬盘从我博一开始用，到今天已有14年了，还没装满1/10！

龙 虾 老师，您要不要考虑换个移动硬盘？14年前的电子产品今天还能用吗？

鱼老师 能啊，就是文件传输慢了点。总之，看好你们的论文，我可不希望看到你们当中的哪位由于资料或稿件丢失而延期。物理防盗也要做好，每次我在咱们学校图书馆看到有人把电脑扔在桌子上吃饭去，就很替这名同学担心。还有电脑旁不要放水杯以防被淹，电脑包一定要买厚实且防水的以防物理伤害。我从前就曾经见过一名博士生以一种诡异的姿势在雨中奔跑，仔细一看是电脑揣在怀里还包着外衣挡雨。电脑的金贵可并不体现在它值多少钱哦。

珊　瑚　知道了，这就去淘宝下单！防水电脑包+高级 U 盘套装走起！

鱼老师　最后一个问题，你们未来把稿子发给我的时候，我希望你把稿子改个名字。比如"珊瑚 2 月 4 日稿"。这样不仅方便我，也方便你们自己。毕竟，你们三个不出意外应该是同一年毕业。当我的桌面放着 3 份以日期为名的稿子，我怕自己根本想不起来哪份是谁的！还有，不许发 pdf 格式的稿件给我！虽然我工作这么多年，也就收到过一次这种格式的初稿。在工作当中，pdf 较之于 word 格式的优越性在于，字体和排版不会随着电脑不同而发生变化；以及 pdf 文件几乎不可能被无痕更改。所以，发 pdf 文件给我，我会默认将其解读为"老师快来欣赏我的佳作，这稿子不用改"！

珊瑚 & 龙虾 & 海葵　老师放心，未来一定不会！

后 记

亲爱的读者朋友们，如果你认认真真地读书至此，那么，我觉得需要对你说一声"恭喜"。因为你已经通过自己的不懈努力，基本熟悉了一篇论文的全部写作方法。作为书的作者，我深知此书虽然看上去"不正经"，但实际阅读起来却很枯燥。如果你在阅读之余，还同样认真做完了全书当中大多数练习，那么，我相信，你与论文发表之间的距离应当又近了一步！读书不易，写作更难，学术更是一段有始无终的旅程。你未来有多优秀，我们一同拭目以待！

当然，阅读至此，相信读者朋友们也会对本书的写作过程有些好奇。基于本书的一贯风格，在此仍然以 Q&A 的形式回答如下：

Q：鱼老师，珊瑚、龙虾、海葵三位同学真实地存在过吗？

A：当然，尽管他们仅仅存在于稿件审校当中。在书稿写作阶段，"三位同学"的形象实际上是我从教十年以来曾经带过的上百位同学的虚拟化。也正是基于此，我完全相信，本书当中，这三位同学提出的问题和犯过的错误不仅是真实存在的，而且应当是具有普遍性的。不过，在本书成稿后，我的确从我的学生当中寻找了三位知识结构与写作水平分别与珊瑚、龙虾、海葵最为接近的同学，对全文进行了审读。她们(对，她们，因为我没有男学生可以模拟龙虾)的功能接近于"新品试吃"，在对书稿提出意见的同时，也协助完善了部分实例。毕竟，这是一本"不正经但严肃"的论文写作书。读者能否看懂，才是检验本书是否成功的唯一标准。

P. S. 在此特别鸣谢周智琦、董昕钰、罗明英三位同学，你们都是优秀的小白鼠！

Q：鱼老师，你平时上课也是这个风格吗？

A：是啊。我尤其喜欢讲段子、编口诀、打比方。原因很简单，同学们即便记不住知识点，记得住段子也能顺便想到知识点本身。

Q：珊瑚、龙虾、海葵三位同学似乎学啥都一学就会，这在现实中可能吗？

A：不可能。请读者朋友放心，我的学生要么是"一点就通"类型(几乎不用教)，要么是"同一个错误得犯几次才不会再犯"(但我不知道他究竟要犯几次错误才不会再犯)。本书写作实际上对此进行了"美化"，不然会有网文作者水字数之嫌。但，同样请读者朋友放心，我相信"practice makes perfect"，我的学生们应该也都相信。毕竟，上述技能，会在毕业论文阶段得到反复锤炼的。

Q：掌握技巧之后呢？我一定能写出好论文吗？

A：不一定。写论文是"玄学"，选题尤其是。我自己甚至都无法保证，自己每次选到的都是好题目。即便题目没问题，不同的人对此的演绎也可能完全不同。这可以类比为：同样掌握了钢琴演奏技巧的学生，为什么有人能够成为大师，但他的同班同学却不能？对此，我也很绝望啊。因为我自己也经常觉得自己就是"大师的同班同学"，望一众学术新星而莫及……

Q：鱼老师，在现实中，你上完写作课之后，让学生如何巩固学到的知识？

A：学生们会去写论文哒。这个写作课通常安排在研究生第二学期。我们学院的要求是第三学期撰文参加硕博论坛并发言，第四学期毕业论文开题，第五学期预答辩。此种安排，我认为非常科学。毕竟，"光说不练假把式"，学到的论文写作知识只有不断去应用才能融会贯通。

Q：鱼老师，最后一个问题：在现实当中，你学生写论文各种犯错误，你生气不？

A：生气。告诉你们一个秘密，网上各种关于"当你把论文初稿发给你老师"的段子都是真的，有的段子甚至很可能就是你导师披着马甲写的。不过，再告诉你们一个秘密：现在各校不是都实行师生双选了吗？这个制度是非常合理的！因为哪怕我对着稿子生气，我也会对自己说，学生是自己选的，还能咋滴？总得把他带到毕业啊。于是，带着带着，小朋友就成功毕业啦！

所以，请大家放心大胆地去招惹你的导师。招惹着招惹着，你就也毕业啦。然后，你就会永远活在你导师的段子里："我曾经有个学生……"